El Imperio mogol

Una guía fascinante sobre el Imperio mogol en el sur de Asia y el impacto que tuvieron los mogoles en la historia de la India

© Copyright 2021

Todos los derechos reservados. Ninguna parte de este libro puede ser reproducida de ninguna forma sin el permiso escrito del autor. Los revisores pueden citar breves pasajes en las reseñas.

Descargo de responsabilidad: Ninguna parte de esta publicación puede ser reproducida o transmitida de ninguna forma o por ningún medio, mecánico o electrónico, incluyendo fotocopias o grabaciones, o por ningún sistema de almacenamiento y recuperación de información, o transmitida por correo electrónico sin permiso escrito del editor.

Si bien se ha hecho todo lo posible por verificar la información proporcionada en esta publicación, ni el autor ni el editor asumen responsabilidad alguna por los errores, omisiones o interpretaciones contrarias al tema aquí tratado.

Este libro es solo para fines de entretenimiento. Las opiniones expresadas son únicamente las del autor y no deben tomarse como instrucciones u órdenes de expertos. El lector es responsable de sus propias acciones.

La adhesión a todas las leyes y regulaciones aplicables, incluyendo las leyes internacionales, federales, estatales y locales que rigen la concesión de licencias profesionales, las prácticas comerciales, la publicidad y todos los demás aspectos de la realización de negocios en los EE. UU., Canadá, Reino Unido o cualquier otra jurisdicción es responsabilidad exclusiva del comprador o del lector.

Ni el autor ni el editor asumen responsabilidad alguna en nombre del comprador o lector de estos materiales. Cualquier desaire percibido de cualquier individuo u organización es puramente involuntario.

Índice

INTRODUCCIÓN 1
CAPÍTULO 1 - LOS ORÍGENES DEL IMPERIO MOGOL 4
CAPÍTULO 2 - EN LA NUEVA TIERRA 17
CAPÍTULO 3 - HUMAYUN DEL IMPERIO MOGOL 25
CAPÍTULO 4 - EL IMPERIO BAJO EL EMPERADOR AKBAR 38
CAPÍTULO 5 - CIEN AÑOS DE IMPERIO MOGOL (1605-1707) 57
CAPÍTULO 6 - EL DECLIVE Y LA FRAGMENTACIÓN DEL IMPERIO (1707-1857) 73
CAPÍTULO 7 - LAS ÚLTIMAS GENERACIONES DE LOS MOGOLES (1748-1857) 84
CAPÍTULO 8 - LA MEMORIA DEL IMPERIO MOGOL 94
CONCLUSIÓN 110
VEA MÁS LIBROS ESCRITOS POR CAPTIVATING HISTORY 112
REFERENCIAS 113

Introducción

El Imperio mogol, también conocido como Gran Mogol, duró unos tres siglos y, en su apogeo, abarcaba 3,2 millones de kilómetros cuadrados, desde las fronteras exteriores de la cuenca del Indo en el oeste hasta las tierras altas de Assam y Bangladesh en el este, y desde Afganistán y Cachemira en el norte hasta la meseta del Decán en el sur. El Imperio mogol también se hizo con los territorios de lo que antes se conocía como Indostán en el norte del subcontinente indio. Con un territorio tan extenso llegaron muchos pueblos diversos, que sumaban aproximadamente 150 millones de almas. El nombre "mogol" procede de la palabra persa que designa a los mongoles y que, con el tiempo, pasó a significar únicamente el pueblo islámico de la dinastía de Babur en la India.

Durante su apogeo, el Imperio mogol fue una de las entidades políticas más poderosas y ricas de la humanidad, eclipsada quizá solo por la China contemporánea. El imperio dependía de su ejército, y como tal, la mayor parte de sus ingresos se destinaba a abastecer y mantener el ejército más moderno de la época. Los gobernantes se apoyaban en la conquista, que recompensaba a los soldados más leales y traía nuevas tierras y personas que las cultivaban. El Imperio mogol debe sobre todo el éxito de su ejército a sus visionarios fundadores, que emplearon a expertos extranjeros en pólvora que ayudaron a llevar la derrota a sus enemigos. El poder del primitivo Imperio mogol no tenía parangón en toda la India, y una vez que el padre del imperio, Babur, empezó a conquistar las tierras, no hubo quien los detuviera.

Los orígenes del Imperio mogol se encuentran en los territorios musulmanes de Asia Central, y aunque no fueron los primeros gobernantes islámicos del norte de la India, fueron ciertamente unos recién llegados que tuvieron que adaptarse y superar dificultades adicionales en comparación con los gobernantes nativos. Aunque la tierra era rica en gente y tierras fértiles, era completamente nueva para Babur y sus guerreros de Asia Central. Como extranjeros, tuvieron que enfrentarse a muchas sublevaciones de los musulmanes e hindúes domesticados, que desafiaban a inclinarse ante los gobernantes procedentes de tierras lejanas. Los mogoles tardaron generaciones en asentarse en sus nuevas tierras y en tomar el control total de los diversos pueblos que acabaron convirtiéndose en sus nuevos súbditos.

Los mogoles, al igual que los mongoles, de los que procedían, eran considerados guerreros incultos, pero feroces. Durante sus tres siglos de gobierno en el norte de la India, los mogoles pasaron de ser una tribu guerrera a uno de los imperios más sofisticados, desarrollando la etiqueta de la corte y promoviendo las bellas artes. El imperio pasó de ser un feroz conquistador a convertirse en el centro del mundo indio, y muchas personas acudieron a él para recibir educación o practicar sus oficios. El Imperio mogol nunca fue un imperio nacional autóctono, y nunca tuvo un ejército monoétnico. Los mogoles siempre fueron pueblos diversos que encontraron la manera de convivir con otras culturas en tiempos muy exigentes.

Sin embargo, el Imperio mogol siguió expandiéndose hasta el punto de que solo podía romperse. La administración acabó por fracasar, con levantamientos que destruyeron los límites del imperio, y comenzó su decadencia, que duraría siglo y medio. Al final, fue dirigido por una serie de gobernantes débiles que no pudieron mantener el imperio unido. Como la arena que se escurre entre los dedos, el imperio se fue perdiendo poco a poco. Tanto los aspirantes indios como los europeos lo desmantelaron por completo, dejando solo la ciudad de la Vieja Delhi como recuerdo del otrora glorioso imperio. Finalmente, en 1857, el Imperio mogol dejó de existir y los descendientes de la que fuera una dinastía real se dispersaron por el subcontinente indio, viviendo la vida de los plebeyos.

Capítulo 1 - Los orígenes del Imperio mogol

El imperio en su apogeo
https://en.wikipedia.org/wiki/Mughal_Empire#/media/
File:Joppen1907India1700a.jpg

El 4 de marzo de 1519 nació el hijo del aventurero marcial y gobernante de Kabul, Babur. Se le llamó Hindal, Tomador de la India, ya que nació el mismo año en que Babur solicitó la sumisión de Ibrahim, el joven sultán de Delhi. Para persuadir a Ibrahim de que se sometiera, Babur le envió regalos y un ultimátum. Pero esto no funcionó con el joven sultán, cuya familia había gobernado el norte de la India durante generaciones en un territorio conocido como Indostán. Babur reclamaba el derecho a gobernar el norte de la India porque su antepasado, Timur, había conquistado Delhi un siglo antes. Pero los indios que estaban familiarizados con el nombre de Timur, que eran pocos, estaban cansados, ya que solo habían oído las historias de sus incursiones y la devastación que trajo a la tierra.

El gobernador de Ibrahim en Lahore negó el acceso a Babur y a su pequeño grupo de guerra, y ni siquiera se molestó en notificar su llegada al sultán. En sus memorias, conocidas como el *Baburnama*, Babur se quejó de que el pueblo del Indostán no tenía sabiduría, ya que no se atrevía a enfrentarse a sus enemigos, ni sabía cómo responder al acto de amistad. Así declinado, este aventurero marcial de Asia Central solo pudo regresar a su casa para disfrutar de su hijo recién nacido. Sin embargo, siete años después, invadiría el Indostán y mataría al joven sultán Ibrahim. Con esta conquista, Babur pasó a poseer los tesoros reales del antiguo sultanato, que eran lo suficientemente ricos como para otorgarle poder sobre toda la región. Así nació el Imperio mogol.

Babur (r. 1526-1530)

Babur, primer emperador del Imperio mogol
https://en.wikipedia.org/wiki/Babur#/media/File:Babur_of_India.jpg

El verdadero nombre de Babur era Zahir-ud-Din, que significa "defensor de la fe" en árabe. Su fecha de nacimiento se registró el 14 de febrero de 1483 en Andijan, que se encuentra en el actual Uzbekistán. Por parte de su padre, era descendiente de Timur, del Imperio timúrida. Por parte de su madre, era descendiente directo de Gengis Kan, del Imperio mongol. Con ancestros así, no es de extrañar que Babur se esforzara por gobernar toda su vida. Era el hijo mayor del gobernante del valle de Ferganá, Umar Shaikh Mirza II, de la tribu de los barlas. El título de mirza era usado a menudo por los líderes de varias tribus persas, como el padre de Babur, pero más tarde se transformaría y solo los príncipes de la familia real de los mogoles serían honrados con el título, así como algunos distinguidos comandantes militares. La tribu de los barlas era de origen mongol, pero adoptó la cultura turca y persa como identidad y el Islam como fe. Los académicos creen que gracias a esta mezcla de culturas, concretamente la mongola y la árabe, Babur pudo ganarse el apoyo de muchos pueblos de Asia Central, especialmente de los iraníes y de los de origen túrquico. Su ejército era étnicamente diverso, ya que incluía persas, árabes, afganos, barlas y otras tribus turco-mongolas de Asia Central. Se cree que su verdadero nombre, Zahir-ud-Din, era demasiado complicado de pronunciar para su ejército multiétnico y que fueron ellos quienes le dieron el apodo de Babur, palabra persa que significa "tigre".

En 1494, cuando solo tenía once años, murió el padre de Babur. Sin embargo, incluso a esa corta edad como gobernante, Babur logró asegurarse el lugar que le correspondía como líder del valle de Ferganá. Sin embargo, su posición se vio amenazada por sus propios tíos, y no fueron los únicos que amenazaron la posición del muchacho. Una parte del pueblo que ahora gobernaba creía que su hermano menor, Jahangir, sería un líder más formidable. Es importante entender que los pueblos de Asia Central no seguían las leyes habituales de primogenitura de la herencia, en las que el gobierno pasa del padre a su hijo mayor. Mientras el hijo varón fuera reconocido como legítimo, tenía derecho a heredar el gobierno. Por ello, no era raro ver en Asia Central a hermanos en guerra entre sí. Babur contó con la ayuda de su abuela, Aisan Daulat Begum. Era la madre de su madre y la primera esposa de Yunus Khan de Moghulistán. Todo ello contribuyó a la agitación dinástica, que era habitual en las familias gobernantes. Como pueblos guerreros, estos clanes estaban constantemente en conflicto y, tras el fallecimiento del padre de Babur, vieron la oportunidad de ganar nuevos territorios.

Este es el entorno cultural en el que creció Babur, y cuando tenía quince años, planeó su primera conquista militar. Quería conquistar Samarcanda, una ciudad que se encontraba en la región de Bujará. Durante los siete meses siguientes, su ejército sitió la ciudad. Las pérdidas fueron cuantiosas en ambos bandos, pero Babur consiguió la sumisión de las fortalezas vecinas. Mientras trasladaba su ejército de una posición a otra, los ciudadanos de Samarcanda pensaron erróneamente que se estaba retirando y decidieron atacar. Enviaron a sus soldados fuera de la ciudad, y Babur tuvo la oportunidad de enfrentarse a ellos en campo abierto. Finalmente, pudo demostrar su poderío militar, y su caballería arrolló al ejército de Samarcanda.

Sin embargo, la ciudad seguía resistiendo, y el invierno se acercaba rápidamente. Poco dispuesto a abandonar el territorio, Babur decidió pasar el invierno con su ejército en una de las fortalezas que se le sometieron. Esta pausa del asedio permitió a Baysonqor Mirza, el sultán de Bujará, pedir ayuda a Muhammad Shaybani, un guerrero uzbeko. Condujo su ejército de unos tres mil hombres a Samarcanda, donde se encontró con Babur por primera vez —Shaybani se convertiría más tarde en una verdadera némesis de Babur. Sin embargo, decepcionado por el frío recibimiento que encontró en la ciudad de Samarcanda, Shaybani se marchó a los pocos días.

Al ver que su última esperanza, el ejército uzbeko, había desaparecido, Baysonqor Mirza abandonó la ciudad y su reino. Con un pequeño séquito de seguidores, partió hacia Afganistán. Cuando su líder se marchó, los ciudadanos de Samarcanda no tuvieron más remedio que rendirse ante quien los había asediado, y Babur finalmente tomó la ciudad sin ninguna oposición. Samarcanda era la capital del emperador Timur, y en el siglo XVI seguía siendo una de las ciudades más grandes, ricas y respetadas. Y ahora, Babur, con solo quince años, la gobernaba.

Sin embargo, el largo asedio le costó a la ciudad, y no hubo suficiente botín para el ejército de Babur, por lo que muchos soldados desertaron por falta de pago. Tampoco había suficiente comida para los ciudadanos, y los fértiles campos de las afueras de la ciudad no estaban arados. Los agricultores no tenían semillas para plantar, lo que dificultaba la próxima cosecha. Por si los problemas en Samarcanda no fueran suficientes, de vuelta a casa, en el valle de Ferganá, los nobles que apoyaban a su hermano se rebelaron, y Jahangir Mirza fue proclamado nuevo rey. Con las pocas tropas que le quedaban, Babur marchó a reclamar su reino. Pero como las tropas estaban descontentas, acabaron por abandonarlo. Babur estaba ahora sin ejército, sin Samarcanda y sin su reino.

Así que, durante los siguientes tres años, Babur reunió un ejército. Reclutó tropas de todas las etnias de Asia Central. Finalmente, una vez que su ejército era lo suficientemente fuerte, lanzó otro ataque a Samarcanda. Y su asedio tuvo éxito, ya que consiguió tomarla y gobernarla durante casi cien días.

Pero su rival Muhammad Shaybani regresó sin intención de marcharse. Esta vez, quería conquistar la ciudad para sí mismo, no para un sultán que lo trataba como un inferior. Durante los tres años que Babur pasó reuniendo a su ejército, Shaybani dirigió una serie de exitosas campañas con las que ganó poder entre los uzbekos. En 1500/01, Babur tuvo que negociar la paz. La situación era muy mala, ya que no solo tuvo que ofrecer la mano de su hermana Khanzada Begum en matrimonio a Muhammad Shaybani, sino que también tuvo que abandonar la ciudad. Babur no tenía dónde ir, así que decidió intentar recuperar su antiguo reino, el valle de Ferganá. Pero su ejército, ya cansado y diezmado por la lucha en Samarcanda, no tenía ninguna posibilidad de recuperar Ferganá. De hecho, Babur perdió todo menos su vida. Con un pequeño grupo de guerreros, escapó y trató de buscar suerte en Tashkent, ciudad gobernada por uno de sus tíos. Sin embargo, no fue bien recibido allí, y escribió en sus memorias cómo a menudo era humillado por su tío y su corte.

Vivió en la pobreza y solo sobrevivió gracias a la compasión de sus amigos y desconocidos. Solo diez años después de hacerse con el control de Ferganá, Babur era ahora un príncipe en el exilio.

Uno de los tíos paternos de Babur gobernaba Kabul, pero murió en 1501, dejando la oportunidad al príncipe en el exilio de reclamar su trono, ya que el único heredero de Kabul era solo un niño. Sin embargo, un príncipe timúrida rival fue más rápido en tomar la ciudad, casándose con la hija del anterior gobernante para hacer legítima su conquista. Pero eso no sirvió de nada, ya que seguía siendo visto como un usurpador, y el pueblo que gobernaba estaba resentido con él. Cuando Babur reunió un ejército de 200 seguidores leales, el pueblo de Kabul lo recibió como un salvador. Después de todo, era el sobrino de su anterior gobernante, lo que le daba toda la legitimidad que necesitaba. Con facilidad, Babur despachó al usurpador y comenzó a gobernar su recién adquirido reino.

En 1506, Babur se alió con su primo, el sultán Husayn Mirza Bayqara de Herat, y su intención era atacar juntos a Muhammad Shaybani. Sin embargo, Bayqara murió ese mismo año, y sus hijos no quisieron ir a la guerra. Babur permaneció en Herat durante los dos meses siguientes, ya que era la capital de la cultura musulmana oriental de la época. Allí aprendió la historia y la lengua, lo que le inspiró para empezar a escribir sus memorias. Tras la marcha de Babur, la ciudad de Herat fue conquistada por Shaybani, y los hijos de Bayqara fueron asesinados. Babur era ahora el gobernante más poderoso de la dinastía timúrida, y como tal, empezó a llamarse a sí mismo Padshah, que significa "Gran Rey" o "Emperador". Muchos parientes y príncipes de las regiones vecinas buscaron refugio en Kabul, mientras Shaybani asolaba sus tierras. Las tierras ancestrales de la dinastía timúrida estaban ahora todas conquistadas por el líder uzbeko Shaybani, que se convirtió en una verdadera amenaza para Kabul.

Algunos príncipes y nobles de Kabul no creían que Babur fuera capaz de protegerlos de los ataques de los uzbekos, y organizaron una rebelión. Sin embargo, Babur fue capaz de sofocarla rápidamente. Sin embargo, dos años más tarde se produjo otra rebelión y, esta vez, los generales militares de Kabul consiguieron expulsar a Babur. Sin embargo, Babur seguía teniendo amigos leales en la ciudad que abogaban por él, y los líderes de los rebeldes se pasaron a su lado, lo que permitió a Babur hacerse con la ciudad una vez más.

Mientras tanto, Shaybani fue asesinado en 1510 durante el conflicto que mantuvo con Ismail I, el shah de la Persia safávida chií. El poder uzbeko disminuía y Babur se alió con el shah Ismail para recuperar sus territorios ancestrales de Asia Central. En 1513, partió hacia Samarcanda para asediarla por tercera vez. Allí se reunió con su hermana, que había sido obligada a casarse con el enemigo de Babur, Shaybani. Babur gobernó Samarcanda durante los tres años siguientes, pero en 1514 regresó a Kabul tras perder Samarcanda ante los uzbekos por tercera vez.

Babur pasó los siguientes once años gobernando en relativa paz. Se tomó el tiempo para reorganizar su ejército en preparación para la conquista del Indostán, y llevó a cabo pequeñas incursiones en el territorio del norte de la India y se ocupó con éxito de pequeñas rebeliones en la zona del actual Afganistán. Aunque las regiones eran relativamente pacíficas, Babur emprendió la larga y exigente tarea de modernizar su ejército.

Formación del Imperio

Los uzbekos seguían siendo una amenaza y, como registra Babur en sus memorias, quería poner cierto espacio entre su pueblo y sus enemigos. Aunque algunos de los suyos se refugiaron en Badakhshan, al norte de Kabul, Babur miró hacia la India, ya que era un lugar mucho más lejano y seguro. Como Babur había perdido Samarcanda, optó por dedicarse a conquistar los territorios de la India. Como primer paso, comenzó a reorganizar su fracturado ejército. En 1519, estaba listo para embarcarse en su primera campaña hacia el actual

Pakistán. Siguiendo los pasos de su predecesor Timur, Babur quería extender su influencia al Punjab, ya que estas regiones formaban parte del Imperio timúrida.

En esta época, partes del norte de la India estaban gobernadas por el sultán Ibrahim, de la dinastía Lodi. Sin embargo, el gobierno de Ibrahim era débil y su imperio se deterioró. Muchos de los seguidores del sultán indio decidieron cambiar de bando y unirse a Babur. Fue entonces cuando Babur envió un embajador con regalos al joven sultán pidiéndole que reconociera a Babur como su gobernante supremo. Sin embargo, el embajador fue detenido en Lahore y no llegó a ver al sultán. En cambio, pasó muchos meses como prisionero.

En 1524, Babur comenzó su campaña principal para apoderarse del Punjab, pero allí se encontró con las fuerzas de Ibrahim Lodi, que se había deshecho de su tío, Daulat Khan Lodi, el gobernante del Punjab. En Lahore, los ejércitos se encontraron, y el ejército de Lodi se vio obligado a retirarse, pero Babur no quedó satisfecho con este giro de los acontecimientos. En su lugar, quemó la ciudad durante los dos días siguientes y luego instaló a Alam Khan, otro tío rebelde de Ibrahim Lodi, como gobernador. Alam perdió la ciudad una vez que Babur se marchó con su ejército, y tuvo que huir a Kabul. Allí fue recibido por el ejército de Babur, que le ayudó a llegar hasta su hermano, Daulat Khan Lodi. Juntos, los tíos de Ibrahim asediaron Delhi. Sin embargo, el joven sultán derrotó fácilmente al ejército unido, y Babur se dio cuenta de que el Punjab sería mucho más difícil de conquistar de lo que pensaba inicialmente.

Durante el año 1525, Babur se encontraba en Peshawar, un centro comercial en la ruta entre la India y Asia Central. Allí recibió la noticia de que Daulat Khan Lodi le había abandonado y se había unido a su sobrino, el sultán Ibrahim. Babur decidió enfrentarse a Daulat Khan, y dirigió sus tropas a lo que la historia conoce como la primera batalla de Panipat. Después de que Babur cruzara el río Indo en noviembre de 1526 y entrara en el Punjab con su poderoso ejército, Daulat Khan se rindió sin luchar, ya que su ejército lo abandonó al ver la fuerza de Babur. Daulat Khan fue indultado una vez que concedió el dominio del Punjab a Babur. El ejército siguió adelante y el 20 de abril de 1526 llegó a Panipat, que estaba a solo 90 kilómetros (casi 56 millas) de Delhi, donde esperaba el ejército del sultán Ibrahim Lodi.

Babur registra que el ejército de Ibrahim era superior. Contaba con 100.000 soldados y 100 elefantes frente a los 15.000 hombres de Babur. Pero los números no disuadieron a Babur; en cambio, ideó un plan. Utilizó la ciudad de Panipat como protección para su flanco derecho. También se cavó una trinchera y se cubrió con ramas para ocultarla y que sirviera de defensa para el flanco izquierdo del ejército. En el centro, entre la ciudad y la trinchera, Babur colocó 700 carros atados con cuerdas que sirvieron de defensa para la artillería. Esto era esencial para proteger, ya que su ejército modernizado se basaba en el uso de la pólvora, ya que empleaba a especialistas turcos en cañones y había creado la infantería de mosquetes. El ejército de Babur se situó entre la ciudad y la trinchera, y esas defensas crearon una estrecha aproximación para los soldados de Ibrahim.

El sultán se vio obligado a reorganizar su ejército, ya que esperaba una batalla en campo abierto. Babur aprovechó la confusión de Ibrahim para desplegar una táctica conocida como *tulughma*, en la que dividió su ejército en unidades más pequeñas y creó flancos de frente y retaguardia. Como su ejército era mucho más pequeño que el de Ibrahim, su única posibilidad era rodear al enemigo por todos lados. Ibrahim dependía en gran medida de sus elefantes y su caballería, pero Babur había modernizado su ejército y utilizaba cañones contra ellos. Dos flancos, uno lateral y otro de retaguardia, atacaron al ejército de Lodi, masacrándolo. Ambos bandos sufrieron grandes pérdidas, pero Babur fue capaz de ganar la batalla en solo tres horas contra un enemigo mucho más fuerte utilizando una mezcla de tácticas otomanas y mongolas. El sultán Ibrahim Lodi murió durante la batalla y, por tanto, el sultanato de Delhi dejó de existir.

Babur era ahora el gobernante del norte de la India, y al tomar los territorios que solían pertenecer a la dinastía Lodi, sentó las bases de su futuro Imperio mogol. Pero fue desafiado por los magnates vecinos que querían aprovechar la oportunidad de la inestabilidad regional y tomar el trono de Lodi para sí mismos. Antes de poner en marcha la construcción de su imperio, tuvo que derrotar a estos nuevos retadores, especialmente a uno llamado Rana Sanga, el gobernante de Mewar. Rana es el título que solo utilizan los monarcas absolutos hindúes. Equivale a un emperador, a diferencia de raja, que equivale a un rey. En este contexto, el título de maharajá puede traducirse como "alto rey" y también se utilizaba como el título europeo "el Grande", como Alejandro el Grande o Alfredo el Grande. Los dos ejércitos se encontraron en la batalla de Khanwa el 17 de marzo de 1527.

Rana Sanga reconoció la fuerza de su enemigo Babur y, para combatirlo, se alió con todos los reyes de Rajastán, un estado del norte de la India, que se unieron a la batalla personalmente o enviaron un contingente de soldados. La alianza incluía también a Mahmud Lodi, el hermano menor de Ibrahim Lodi. Fue proclamado sultán de los afganos poco después de la muerte de su hermano, y aportó 10.000 de sus soldados a la batalla. Hasan Khan Mewati, gobernante de Mewat, aportó 12.000 soldados. Otros que se unieron al ejército fueron los gobernantes de varias ciudades de Rajastán, como Harauti, Dungarpur, Dhundhar, Jalor y Sirohi. La alianza rajput-afgana tenía la misión de expulsar a Babur, que era considerado un intruso turco del Imperio Lodi.

Las memorias de Babur registran que el ejército de Rana Sanga contaba con 200.000 hombres. Sin embargo, los historiadores consideran que esta cifra es una exageración y creen que el ejército rajput solo contaba con 40.000 soldados. Sin embargo, esta exageración significa muy probablemente que la alianza tenía un ejército mucho mayor que el de Babur, independientemente de cuáles fueran las cifras reales. Como el ejército de Babur fue superado en número una vez más, sus hombres sufrieron de baja moral, y para levantarla, Babur dio un significado religioso a la batalla. Proclamó que viviría en total abstinencia de vino a partir de ese día. Incluso rompió todas sus copas y derramó todo el licor en el suelo para demostrar que sus intenciones eran sinceras. Sus acciones no solo afectaron a su ejército, sino también a sus enemigos.

La batalla tuvo lugar el 16 de marzo de 1527, cerca de Khanwa, en el distrito de Agra de Uttar Pradesh. Babur reutilizó las tácticas de la batalla anterior en Panipat, ya que utilizó carros para crear una defensa para su artillería. Su infantería con mosquetes se escondió detrás de escudos con ruedas hechos de cuero crudo estirado sobre trípodes. De este modo, tenían protección y podían avanzar o retirarse fácilmente. Con una mayor modernización de su ejército, Babur no tuvo dificultades para derrotar a su enemigo, que luchaba a la manera tradicional. Una vez más, rodeó al ejército enemigo y ordenó a su artillería y a sus mosqueteros que avanzaran. Los carros, que protegían la artillería, fueron empujados hacia delante, y los cañones les siguieron. El ejército aliado de Rana Sanga luchó con ahínco, pero Raja Shiladitya, del noreste de Malwa, desertó y se llevó a sus soldados al lado de Babur. Rana fue derrotado, y para mostrar su falta de respeto hacia su enemigo, Babur ordenó construir una torre de cráneos enemigos. Estas torres eran una táctica común de los otomanos para atemorizar a sus adversarios, pero también servían como monumentos conmemorativos de las batallas.

Rana Sanga escapó con vida del campo de batalla y se refugió en Chittor, pero la alianza que construyó se derrumbó tras esta batalla, para no volver a unirse contra su enemigo común. Los académicos comentan que Rana Sanga probablemente habría derrotado a Babur si no hubiera habido cañones en la artillería de este, ya que Rana tenía la superioridad numérica, por no hablar de la famosa valentía de los soldados de Rajput. Rana murió al año siguiente, a finales de enero de 1528, en Chittor. Quería enfrentarse a Babur una vez más, pero sus generales consideraron que esa medida era un suicidio. En lugar de oponerse abiertamente a él, decidieron envenenarlo.

Sin embargo, la noticia de que Rana planeaba reanudar el conflicto llegó a Babur, y este decidió atacar a una de las fuerzas aliadas, Medini Rai, el gobernante de Malwa oriental. Esperaba que, al derrotar a los aliados de Rana Sanga, podría aislar a este y enfrentarse a él fácilmente. Así pues, Babur dirigió su ejército a Chanderi en enero de 1528, que cayó tras solo dos días. Para evitar la captura y la esclavitud, las mujeres y los niños de Chanderi cometieron el ritual de Jauhar, una ceremonia de autoinmolación.

Capítulo 2 - En la nueva tierra

Dificultades del nuevo imperio

Babur fundó el Imperio mogol para sus seguidores de Asia Central. Sin embargo, todos ellos eran nuevos en la región y se encontraron gobernando sobre personas que hablaban diferentes idiomas y tenían culturas, religiones y valores distintos. Babur era ajeno al Indostán que ahora gobernaba, y sus nuevos súbditos no hablaban persa ni la lengua turca de los seguidores de Babur. Ni siquiera los afganos que habitaban esta parte del mundo hablaban estas lenguas. Como emperador extranjero, Babur era un intruso a los ojos del pueblo del Indostán. Lo consideraban un gobernante ilegítimo que los había invadido. Por ello, Babur tuvo que recurrir a su poder militar para gobernar a sus nuevos súbditos.

Para mantener su costoso ejército, Babur tenía que recompensar a los comandantes y pagar a los soldados. Pero como su imperio era nuevo, no tenía un sistema adecuado de impuestos sobre la tierra. Para financiar su ejército, Babur tuvo que capturar los tesoros reales de las ciudades vecinas. Sin embargo, esto significaba la constante expansión de su imperio, para la que no tenía recursos. Cada año tenía que lanzar campañas en las provincias vecinas, que, una a una, se sometían a su dominio, desde el este, donde gobernaba el sultanato de Bengala, hasta el oeste, donde vivían los gobernantes nómadas del pueblo baloch. Todos estos pueblos conquistados aceptaron pagar un tributo anual a Babur, pero solo mientras estuvieran bajo amenaza inmediata. En cuanto el ejército mogol se retirara, dejarían de enviar dinero, tesoros, alimentos y otros recursos.

Las ciudades que resistieron más tiempo fueron siempre entregadas a los comandantes centroasiáticos de Babur. Estas ciudades eran extorsionadas, ya que debían pagar el mantenimiento del ejército, incluidos sus placeres, pero también debían enviar un tributo anual al tesoro personal de Babur. Sin embargo, los comandantes que gobernaban estas ciudades eran forasteros, y a menudo les costaba encontrar un lenguaje común con los lugareños, que aprovechaban cualquier oportunidad para desobedecer a los invasores. Los comandantes solían estar demasiado asustados como para residir en la ciudad, por lo que optaban por establecer sus cuarteles en las guarniciones militares fuera de las murallas de la ciudad. Además, Babur solía llamar a sus comandantes cuando los necesitaba para nuevas campañas militares, y no quedaba nadie para recoger el tributo de estas ciudades. Babur también reubicaba a sus comandantes con demasiada frecuencia, lo que no permitía a los comandantes establecer ningún tipo de vínculo con los lugareños y convencerlos de las intenciones del imperio recién formado.

El ejército de Babur se modernizó con pistolas y cañones. Por lo tanto, era un ejército muy caro de mantener. Fue esta modernización y el uso de la pólvora lo que permitió a Babur capturar con éxito el Indostán, ya que sus oponentes luchaban de forma tradicional sin acceso a la pólvora y a las nuevas tecnologías militares. Babur empleaba a expertos otomanos en pólvora, siendo los más destacados el maestro Ustad Ali Quli y Mustafá Rumi Khan. Ambos procedían de Constantinopla o de lo que los centroasiáticos llamaban Rumi, que significa segunda Roma. Por eso el título de Mustafá era "Rumi Khan", para indicar su importancia. Este título se daría más tarde a otros comandantes de artillería que se distinguieron en las campañas militares de Babur.

Los cañones por los que Babur pagó tan caro eran realmente potentes, y ayudaron enormemente a conquistar el Indostán. Sin embargo, tenían algunas limitaciones. Eran armas de largo alcance, perfectas para utilizarlas cuando el objetivo estaba al otro lado de un río o estacionado dentro de una ciudadela. Sin embargo, no tenían suficiente potencia para atravesar las murallas de las grandes ciudades, a menos que los cañones estuvieran situados en un terreno más elevado. Además, los cañones necesitaban un largo tiempo de enfriamiento entre disparos, ya que el cañón podía romperse fácilmente si se sobrecalentaba. El número máximo de disparos de los cañones de Babur era de dieciséis al día. No era un número tan malo teniendo en cuenta lo potentes que eran. Pero, por otro lado, no eran fiables. El mortero se rompía y hería o incluso mataba a sus propios soldados. Los cañones también eran muy grandes, y necesitaban ser tirados por elefantes. Babur tenía que talar selvas enteras para hacer caminos para el transporte de estos cañones, lo que se consideraba una gran pérdida de tiempo.

La caballería y la infantería del ejército de Babur eran las más fáciles de mantener. La caballería solía ser recompensada con tierras locales, en las que sus familias podían vivir y trabajar. La infantería era fácilmente despedida y llamada al servicio. Pero los expertos en pólvora debían permanecer al servicio de Babur, quien debía financiarlos regularmente, a menudo con sus propias arcas. Debido al número de valiosos soldados que empuñaban mosquetes y cañones, Babur vació las arcas del sultán Ibrahim tras solo dos años de gobierno de su nuevo Imperio mogol. Los comandantes que asignó como gobernadores de las ciudades conquistadas fueron presionados para que le enviaran más y más ingresos, lo que creó aún más desconfianza por parte de la población local.

Los habitantes del Indostán no fueron los únicos problemas con los que se encontró el nuevo imperio de Babur. El entorno del norte de la India no era el mismo que el de sus tierras natales en Asia Central. Las temperaturas extremas y las variaciones en las precipitaciones de las estaciones monzónicas eran nuevas para los seguidores de Babur. Aunque el corazón del Imperio mogol era toda tierra fértil, carecían de lluvias durante todo el año. Y las afueras del imperio, en Rajastán y las llanuras del Indo, se acercaban al entorno de un desierto. Los centroasiáticos estaban acostumbrados a las tierras secas; sin embargo, no estaban preparados para las altas temperaturas de la India. En invierno, la estación de los monzones volvería a azotar las zonas del norte de la India, lo que permitiría a los mogoles del centro tener una segunda cosecha, pero las demás partes del imperio experimentarían la sequía y la falta de alimentos. Dado que Babur dependía de las campañas militares para financiar su imperio, el territorio estaba a menudo en guerra, y el transporte de alimentos a las zonas afectadas por el hambre se veía a menudo interrumpido.

Religión y cultura

Babur no tenía suficientes comandantes de Asia Central a los que pudiera emplear como gobernadores o en otros puestos de su administración. Así que empezó a reclutar indios para su ejército y su corte, pero solo se les daría puestos de mando y cargos superiores si eran musulmanes. La mayoría de los reclutas eran shaikhzadas, indios cuyos antepasados se habían convertido al Islam mucho antes. En el norte de la India también vivían muchos afganos que se habían establecido allí unos siglos antes, y también fueron bienvenidos en las filas del ejército y la corte de Babur.

A los no musulmanes se les asignaron puestos de oficiales subordinados, soldados rasos, trabajadores o escribas. Algunos de ellos incluso habían servido anteriormente al sultán Ibrahim, pero Babur los necesitaba, ya que tenían experiencia y estaban bien informados. Además eran trabajadores valiosos, ya que eran nativos y sus raíces eran de la tierra que ahora gobernaba. Eran una fuente de información para Babur, ya que conocían los ingresos que cada ciudad pagaba a Ibrahim y lo que se podía explotar de las nuevas regiones que su ejército iba a conquistar. Como Babur empezó a emplear a escribas y trabajadores administrativos hindúes, su corte era lo suficientemente atractiva como para que acudieran a su imperio miles de artistas, albañiles y sirvientes indios, que encontraban empleo en su corte o en las casas de sus comandantes.

Babur estaba ligado espiritualmente al sufismo, una forma de misticismo islámico que seguía los preceptos establecidos por el profeta Mahoma. Más correctamente, pertenecía a la orden Naqshbandi, al igual que su antepasado Timur. Los Naqshbandi trazaban su linaje espiritual hasta Mahoma a través de su suegro, Abu Bakr, a diferencia de otras órdenes que lo hacen a través de los parientes cercanos del profeta. Fueron los principios de esta orden islámica los que Babur estableció como principal soporte espiritual de todo su régimen. Cualquier miembro de los Naqshbandi era un destacado cortesano del emperador Babur. La mejor muestra de su devoción a la orden es probablemente su voto de versificar la *Risala-i Walidiyya*, escrita por Pir Khwaja, un maestro sufí naqshbandi fallecido hace mucho tiempo. El poema tenía 243 versos, y Babur llegó a afirmar que fueron estos versos los que le ayudaron a superar su constante deseo de beber vino.

Sin embargo, como emperador de los mogoles, Babur empezó a honrar a los maestros sufíes de la India, como los pirs Shattari o Suhrawardi. Para aclarar, la palabra pir, en el contexto del Islam, se utiliza como título para los líderes espirituales. El sultán Ibrahim concedió ingresos a las instituciones religiosas que honraban a estos pirs, y cuando Babur inició su gobierno sobre los territorios del norte de la India, renovó los flujos de ingresos. A menudo invertía en otras órdenes sufíes que tenían una amplia red de instituciones religiosas en toda la India. Con ello, Babur reforzó la legitimidad de su gobierno y se aseguró de que los líderes religiosos apoyaran a sus descendientes.

Sin embargo, muchos de los pirs luchaban entre sí por la supremacía religiosa y política, y competían por el apoyo financiero de Babur.

A través de las memorias de Babur, se percibe una fuerte sensación de ambivalencia respecto al asentamiento en el Indostán. Aun así, se mantuvo abierto a todas las nuevas experiencias que la India le aportó a él y a sus seguidores de Asia Central. Le fascinaba especialmente la diversidad de la naturaleza y la vida animal de la India, así como el arte de los albañiles y los monumentos indios. En su autobiografía, Babur explicó con detalle los sistemas de medición utilizados en toda la India, pero nunca prestó suficiente atención a sus pueblos y sus culturas. Sin embargo, sí expresó su asombro por el hecho de que los campesinos indios, tanto hombres como mujeres, anduvieran semidesnudos debido al calor de las regiones. Tampoco supo captar el valor artístico de las esculturas de desnudos de la India, y un gran número de ellas fueron destruidas por orden suya. Algunos académicos creen que Babur era demasiado mojigato y que no estaba motivado por la religión cuando ordenó la destrucción de las estatuas desnudas de Gwalior.

Aunque podía ser mojigato, no se privó de los lugares placenteros que descubrió o construyó él mismo. Fue famoso por construir muchos jardines de estilo centroasiático, que le resguardaban a él y a sus seguidores de las incomodidades de la India. Siempre le molestó el aire caliente y seco, y el polvo de algunas regiones de su imperio, y estaba en constante búsqueda de lugares adecuados donde construir refugios de placer. Como su corte era nómada, toda la casa de Babur se trasladaba de una región a otra. Por ello, necesitaba una red de residencias amuralladas con estos elaborados jardines que le protegieran de los elementos del subcontinente indio. En su *Baburnama*, describió su sorpresa por el bajo coste de los albañiles y artesanos indios, a los que empleó para construir estos jardines. También elogió su habilidad y su número, pero nunca nombró a un individuo. Babur siempre se refería a ellos en plural y por su profesión. Al estar constantemente encerrado tras los muros con sus comandantes de Asia Central, creó aún más distancia entre él y los lugareños. Por eso sus residencias amuralladas eran apodadas "Kabul" por la población india, que no tenía nada en común con su gobernante.

El Imperio mogol de Babur era un vasto territorio. Como tal, era rico en cultura, pero también en oro y plata. Babur mostraba sentimientos encontrados al vivir en el Indostán. Le atraían sus riquezas, pero odiaba su clima. En sus escritos, llega a admitir que se sintió seducido por las riquezas que aportaba la India, pero que odiaba la tierra. Aunque a veces disfrutaba de lo que la India le ofrecía, a menudo añoraba el clima más agradable de Asia Central.

La sucesión y el final de la vida de Babur

Babur gobernó su Imperio mogol durante solo cuatro años. En el Indostán, su salud se deterioró constantemente. En un momento dado, debido a su frágil salud, algunos nobles conspiraron contra sus hijos para la sucesión. Querían instalar a otro noble, que también era descendiente de Timur, como gobernante de los mogoles. Su nombre era Mir Muhammad Mahdi Khwaja, y era el nuevo marido de la hermana de Babur, Khanzada Begum. Sin embargo, como el imperio que creó era un estado patrimonial, sus comandantes aceptaron sus deseos de sucesión.

Todos los hijos de Babur se convirtieron en diputados durante su vida, y él era consciente de que una vez que muriera, sus hijos se convertirían en rivales entre sí. Para evitarlo, empezó a distribuir sus territorios entre los cuatro hijos que tenía. Ya instaló a Kamran, su segundo hijo, como gobernante de Kabul en su ausencia, y Babur quería que Kamran mantuviera Kabul incluso después de su muerte. Al hijo mayor, Humayun, planeó dejar el Indostán. A sus hijos menores, Hindal y Askari, les daría territorios en Kabul. En su testamento, Babur ordenó a sus hijos que se respetaran y apoyaran mutuamente, ya que era el principio de la soberanía de Asia Central.

Sin embargo, la desconfianza y la rivalidad entre los hermanos fueron evidentes incluso durante la vida de Babur. Cuando este enfermó en 1529, Babur llamó a su lado a su hijo menor, Hindal, pero el mayor, Humayun, ordenó a su hermano que se quedara en Badakhshan y gobernara en su lugar mientras él visitaba a su padre enfermo. Cuando Babur se enteró de esto, envió una invitación a Hindal una vez más, y como emperador supremo, anuló la orden de Humayun. Estaba muy disgustado con su hijo mayor, ya que era demasiado voluntarioso. Pero Gulbadan, una de las hijas de Babur que escribió la biografía de Humayun (*Humayun-Nama*), registra el cariño de su padre por su hijo mayor. Recuerda que su amor era tan grande que, cuando Humayun estaba enfermo, Babur realizó un ritual para transferir la enfermedad a él mismo. Humayun se recuperó mientras su padre empezaba a morir. Pasó sus últimos días en Agra, que fue donde murió en 1530. Al principio, fue enterrado allí, pero más tarde, su cuerpo fue transportado a Kabul, que era donde deseaba ser enterrado.

A pesar de la voluntad de Babur y de la división de sus territorios, sus hijos lucharon por la supremacía continuamente. Humayun fue el sucesor del Imperio mogol, pero finalmente se mostró incapaz de mantener el control.

Capítulo 3 - Humayun del Imperio mogol

Humayun, el segundo emperador
https://en.wikipedia.org/wiki/Humayun#/media/File:Darbar_of_Humayun,_detail,_Humayun._Akbarnama,_1602-4,_British_Library.png

Cuando Babur murió en 1530, le sucedió su hijo mayor, Humayun. El joven príncipe no estaba familiarizado con las tierras que heredó, ya que la mayor parte de su tiempo lo pasó fuera de la India. Había regresado a Asia Central después de haber pasado un año luchando en las guerras de conquista de su padre en 1526. Solo regresó a la India tras recibir la noticia de la enfermedad de su padre, poco antes de su muerte.

Tras su sucesión en el trono mogol, Humayun se enfrentó a una revuelta liderada por sus propios hermanos. Cada uno de ellos tenía sus propias ambiciones dinásticas y reclamaron la independencia del gobierno de su hermano mayor. Mirza Kamran gobernó Kabul, como era el deseo de su padre. Sin embargo, poco después de la muerte de Babur, expandió su dominio sobre Kandahar, partes de Asia Central y el Punjab. La principal rivalidad entre los hermanos era entre Humayun y Kamran, mientras que los más jóvenes, Hindal y Askari, cambiaban su lealtad entre ellos a su antojo. En algunas ocasiones, reclamaron la independencia de las regiones que controlaban. Se llegó a un punto en el que las fuerzas de Kamran mataron a su hermano menor Hindal, y un Humayun enfadado ordenó su exilio y el de Askari.

Los cuatro hermanos también tenían un primo, que Babur había adoptado como hijo, llamado Mirza Sulaiman. Gobernó Badakhshan tras la muerte de Babur, y también aceptó el dominio de Humayun y Kamran, dependiendo de dónde estuviera el poder político en cada momento. Además reivindicó la autonomía de sus regiones en contra de la voluntad de los hijos de Babur. Mientras que Humayun, Kamran, Hindal y Askari murieron luchando entre sí, Sulaiman sobrevivió a todos ellos.

Humayun heredó un gran imperio y, para controlarlo eficazmente, debía conocer la política y las técnicas de gobierno. Por desgracia, el joven príncipe no estaba familiarizado. Por el contrario, trató de instalarse como un símbolo divino de poder, y organizó su corte a imagen del orden cósmico tal y como lo veía el islam del siglo XVI.

Se consideraba el centro del microcosmos que era su corte. Era divino, y como tal, llevaba un velo sobre su rostro, protegiéndolo de los curiosos cortesanos que querían deleitarse con su esplendor divino. De vez en cuando se levantaba el velo y dejaba que sus súbditos se deslumbraran con la luz de su imagen. Personalmente, era un seguidor de la orden mística sufí Shattari, que buscaba controlar las fuerzas cósmicas mediante la práctica del yoga. Fue Humayun quien ordenó dividir todas sus tiendas reales en doce partes, cada una de las cuales representaba uno de los signos del zodiaco. Además, nombró los días de la semana por cuerpos celestiales y se vistió ritualmente según el día que fuera. Por ejemplo, el martes era el día de Marte, y se vestía con ropas rojas para representar simbólicamente el cuerpo celestial. Además, dedicaba el martes a sentenciar a los criminales y a los prisioneros de guerra.

Humayun creía que su imaginativo gobierno ritualista persuadiría a sus hermanos sobre su supremacía. Dividió la administración del imperio según los elementos naturales. El ejército era el fuego, mientras que la administración de la tierra y los edificios era la tierra. La irrigación del imperio fue confiada al ministerio del agua, mientras que su propia casa fue administrada por el elemento del aire. Cada funcionario del estado tenía que llevar una túnica del color que pertenecía al elemento de su ministerio. Los militares vestían de rojo, la tierra y los edificios llevaban túnicas marrones, el ministerio del agua vestía de azul y la casa real se vestía de blanco. Pero todos estos esfuerzos de simbolismo no lograron impresionar a sus hermanos rivales, a sus seguidores centroasiáticos y a sus nuevos súbditos, fueran musulmanes o no. Sus comandantes centroasiáticos, en particular, se resistieron a su esfuerzo por centralizar el poder en su propia persona. Querían las viejas costumbres, en las que se les daban puestos en el gobierno, y Humayun tuvo que enfrentarse a repetidos levantamientos debido a sus políticas.

Primeros éxitos militares

Aunque Humayun no estaba familiarizado con su nuevo Imperio mogol, al suceder al trono, decidió conquistar la mayor parte posible del sur de Asia. Quería continuar con el impulso militar de su padre, aunque estaba rodeado de gobernantes y caudillos muy ricos y poderosos. En las llanuras del centro y del bajo Ganges había una coalición siempre cambiante de indoafganos y del sultanato de Bengala. La coalición contaba con el apoyo de magnates y terratenientes locales. Contra ellos, Humayun obtuvo algunas victorias iniciales, pero la verdadera amenaza procedía del suroeste, donde gobernaba el sultán Bahadur Shah de Guyarat.

Bahadur Shah buscó la ayuda de Babur cuando huía de la ira de su propio padre y de su hermano mayor durante la lucha dinástica en la región de Guyarat. Pero Babur le negó toda ayuda y describió a Bahadur Shah en sus escritos como un hombre sanguinario y audaz. No obstante, Bahadur consiguió arrebatarle el trono a su padre, poniéndolo a cargo de los principales puertos de la India, que eran cruciales para el comercio internacional a través del océano Índico. Por ello, Bahadur era extremadamente rico, y utilizó sus riquezas para asegurarse la lealtad de otros gobernantes de la región. Contrató y mantuvo un gran ejército, al que dotó de una costosa artillería. Incluso tenía como comandante de sus fuerzas de artillería a Mustafá Rumi Khan, uno de los expertos en pólvora mencionados anteriormente.

Bahadur Shah era lo suficientemente poderoso como para desafiar a Humayun, y lo hizo atacando el fuerte de Chittor, que defendía el punto de acceso al Indostán. El primer ataque al fuerte se lanzó en 1533, pero no tuvo éxito, y fue seguido por un segundo ataque en 1534. Humayun llegó demasiado tarde para salvar la fortaleza, pero decidió invadir y conquistar el territorio de su enemigo, Guyarat. Los ejércitos se encontraron en Malwa, donde el sultán Bahadur Shah decidió atrincherar a su ejército detrás de los muros del fuerte, que estaban defendidos por cañones. Sin embargo, las fuerzas de Humayun asediaron el fuerte y mataron de hambre al ejército, obligándolo a huir. Tras ver la derrota, Rumi Khan decidió pasarse al bando de Humayun y unirse a sus esfuerzos para conquistar Guyarat. Bahadur Shah se refugió con el gobernador de la India portuguesa, Nuno da Cunha, que residía en la isla fortificada de Diu. Sin embargo, Bahadur encontró la muerte en la isla, ya que las negociaciones con el gobernador no salieron bien. Se ahogó, pero no está claro si su muerte fue un asesinato o un accidente, ya que estaba huyendo de los portugueses.

Mientras Humayun se encontraba en su expedición militar para conquistar la región suroccidental de la India, se produjo una rebelión en el Indostán, y sus comandantes militares le rogaron que regresara a casa y se ocupara de los rebeldes. Pero Humayun estaba convencido de sus intenciones de someter el rico territorio de Guyarat, y no quiso volver al Indostán. Sus generales centroasiáticos decidieron entonces apoyar a su hermanastro menor, Askari, que ya estaba en Agra, donde se había proclamado soberano. Humayun se vio obligado a abandonar sus planes en Guyarat, ya que tenía que asegurar su poder en el Indostán. Consiguió recuperar su trono, e incluso perdonó a su hermano menor. Pero los gastos militares eran elevados, y como había abandonado Guyarat, no tenía nada que dar en recompensa a sus comandantes. Necesitaba un botín para recompensar a sus partidarios, que ya habían demostrado lo fácil que era perder su lealtad. Humayun necesitaba urgentemente otra expedición militar, y así, marchó con sus fuerzas por el Ganges hacia Bengala, donde gobernaba el indoafgano del clan Sur, Sher Shah Suri. También era conocido como Sher Khan, "Rey León".

El primer gran objetivo de Humayun fue capturar la fortaleza de Chunar en 1537, situada en un lugar geográfico de importancia estratégica en la región. La fortaleza estaba bien defendida por cañones en sus muros, pero la artillería de Humayun se impuso tras los cuatro meses de asedio. A Rumi Khan se le ocurrió la idea de colocar los cañones en barcos fluviales para bombardear directamente los muros de la fortaleza. Causaron tanto daño que el hijo de Sher

Shah, que comandaba la fortaleza, aceptó negociar. Con la pérdida de Chunar, Sher Shah se vio obligado a someterse oficialmente al gobierno de Humayun. Debido a sus tácticas innovadoras, Rumi Khan recibió esta fortaleza como recompensa. Sin embargo, era indio y, como tal, quedó fuera del círculo centroasiático de los comandantes de Humayun. Fue asesinado por esos comandantes en cuanto cayó en desgracia imperial.

Las fuerzas de Humayun siguieron marchando sobre Bengala en busca de nuevos tesoros y recompensas para los militares. Sin embargo, no estaban acostumbrados a la humedad de esta zona y sufrieron mucho. Incluso Humayun renunció al mando directo de sus fuerzas y optó por encerrarse en su palacio de recreo con sus esposas y concubinas, disfrutando del opio. La situación de vuelta a Indostán se agrió una vez más cuando otro medio hermano de Humayun, esta vez Hindal, se proclamó nuevo gobernante en Agra. Humayun tuvo que volver y asegurar su trono una vez más, pero era la temporada de monzones y los caminos eran intransitables. Como Humayun tuvo que retrasar su regreso al Indostán, se creó la oportunidad para que Sher Shah reorganizara sus fuerzas y bloqueara el regreso de Humayun a casa.

La pérdida de un imperio

Fue en junio de 1539, cuando las fuerzas de Humayun marchaban de vuelta al Indostán, cuando Sher Shah se encontró con ellas una vez más en Chausa. Esta vez, contaba con un ejército más eficaz, que consiguió derrotar a los soldados mogoles, ya desanimados por el duro entorno de Bengala. Humayun perdió a muchos de sus comandantes centroasiáticos, y una de sus esposas fue asesinada, mientras que la otra fue capturada. Humayun tuvo que huir y, al cruzar el río con su ejército, estuvo a punto de ahogarse. En su biografía consta que un pobre aguador llamado Nizam rescató al emperador. También se dice que Nizam fue recompensado con el nombramiento de emperador por un día. Sin embargo, este acto enfureció a los comandantes y cortesanos de Humayun, y plantearon la cuestión de su legitimidad al trono. Si podía transferir la soberanía tan libremente, y nada menos que a un hombre de baja cuna, ¿qué había de divino en él que exigiera su respeto? Este desprecio por parte de sus comandantes continuó profundizándose a medida que Humayun perdía el control sobre algunos de los territorios mogoles. Además, era constantemente desafiado por sus propios hermanos, y tenía un hábito al opio que le llevaba a renunciar al gobierno activo de vez en cuando. No es de extrañar que el apoyo de Humayun fuera disminuyendo cada día.

En 1540, Humayun estaba decidido a devolver su prestigio perdido, y decidió atacar de nuevo a Sher Shah. Sin embargo, perdió una vez más, esta vez en la batalla de Bilgram el 17 de mayo de 1540. Los registros señalan que su ejército estaba tan desmoralizado que se dispersó incluso antes de que comenzara la batalla principal. Humayun, con la ayuda de un soldado afgano, logró escapar. Decidió recompensar generosamente a este soldado y admitirlo en la casa real, lo que creó una división aún más profunda entre él y sus comandantes. Este soldado afgano, Shamsuddin Muhammad Atgah Khan, se convertiría más tarde en el padre adoptivo del hijo de Humayun. Sher Shah expulsó a Humayun del Indostán, y con la pérdida de los partidarios en su propio imperio, Humayun tuvo que buscar refugio en el Punjab. Después de solo catorce años, el Imperio mogol había terminado. Sher Shah gobernó en lugar de Humayun, pero no lo hizo como emperador mogol. En su lugar, creó su propia dinastía en el norte de la India, y el territorio que antes era conocido como el Imperio mogol pasó a ser el Imperio suri.

Sher Shah gobernó durante siete años, de 1538 a 1545, y como líder estableció una nueva administración. Aunque gobernaba la zona del Indostán, Sher Shah eligió Sasaram para su capital en lugar de Agra. La reorganización económica y militar que llevó a cabo bajo su gobierno sería utilizada posteriormente por los mogoles. Sher Shah contribuyó al imperio de tantas maneras que sus sucesores mogoles llegarían a idolatrarlo. Fue el emperador que introdujo la primera *rupiya*, una moneda de plata cuyo nombre se convertiría más tarde en un estándar para la moneda del subcontinente indio. También organizó la primera oficina de correos india. De hecho, los logros de Sher Shah durante su brevísimo gobierno serían recordados para siempre. Incluso su némesis Humayun se refería a él como "Ustad-I-Badshahan", el maestro de los reyes.

Sin embargo, no todo iba bien dentro del Imperio de Sher Shah. Se le acusó de liderar persecuciones religiosas, y su gobierno permitió la violencia religiosa en las provincias del norte de la India. Aconsejó a sus propios comandantes que debían morir durante estas persecuciones y guerras religiosas, pues si morían luchando contra los infieles, se convertirían en mártires. Su ejército oprimió especialmente a los hindúes de la India. Una de estas persecuciones religiosas tuvo lugar en el fuerte de Kalinjar, donde todos los hindúes —hombres, mujeres y niños— fueron condenados a muerte. Sher Shah también es conocido por la destrucción de muchas ciudades. Para construir una nueva ciudad, destruía el lugar histórico del asentamiento anterior y luego construía su ciudad sobre sus ruinas. La ciudad de Shergarh es el mejor ejemplo de esta práctica. Esta ciudad solía ser un lugar donde el hinduismo, el budismo y el jainismo coexistían pacíficamente. Las ruinas del asentamiento anterior son la prueba de la existencia de una próspera ciudad anterior al gobierno de Sher Shah.

Humayun el Exiliado

Humayun seguía siendo oficialmente Padshah, y buscaba alguna forma de recuperar su imperio. Para ello, necesitaba que su lugar de exilio estuviera estratégicamente situado para la reconquista del Indostán. Su hermano Mirza Kamran mantenía Kabul, pero no permitía el paso de Humayun y su corte a la patria de Asia Central. Pensó en invadir Cachemira, pero sus comandantes estaban en contra. Finalmente, contempló la posibilidad de renunciar a su imperio y convertirse en un qalandar, un hombre santo de la orden sufí. Al final, se tomó la decisión de atravesar el desierto del Thar hacia Sindh, una provincia del actual Pakistán.

La corte de Humayun disminuía constantemente, ya que todos los comandantes de Asia Central que servían bajo su padre lo abandonaban. Pero todavía tenía algunas riquezas, suficientes para ser respetado entre algunos de sus pueblos, pero no lo suficiente para recompensar a sus partidarios. En Sindh, algunos de los terratenientes fueron lo suficientemente respetuosos como para proporcionar alimentos a su pequeño séquito, mientras que otros trataron de expulsarlo de sus tierras. Sin embargo, Humayun aún contaba con la lealtad de un guerrero turco llamado Bairam Khan, cuya familia había estado al servicio de Babur. Con su ayuda y la de sus soldados, Humayun pudo extraer suficientes provisiones de los lugareños que no estaban dispuestos a desprenderse de sus posesiones.

Según su biografía, escrita por su hermanastra Gulbadan, Humayun se sintió atraído por una hija de una familia persa que formaba parte de su séquito. Se llamaba Hamida Begum y era una adolescente. Ella rechazó su propuesta de matrimonio, pensando que no era digna de un hombre de tan alto estatus. Su padre también se opuso, ya que Humayun era demasiado pobre para casarse en aquella época. Pero tanto ella como su familia acabaron convenciéndose, y un año después de la boda, en octubre de 1542, Hamida dio a luz a un hijo llamado Akbar. Unos meses después, el séquito de Humayun fue atacado por su hermanastro Askari, y estuvo a punto de capturar a Humayun. Pero este consiguió escapar y, junto con Hamida y treinta de sus fieles seguidores, emprendió la larga marcha hacia Persia. Sin embargo, su hijo Akbar se quedó atrás y se convirtió en el prisionero real de su tío. Un año más tarde, Askari pasó a Akbar a Kamran, hermano de Humayun, que gobernaba Kabul.

Humayun y sus seguidores marcharon a través de montañas y valles, y en estas zonas hostiles se vieron obligados a matar a sus caballos para comer su carne, que cocinaban en los cascos de los soldados. Humayun escribió una carta al Shah Tahmasp I de la dinastía Safavid sobre su llegada a Persia. La carta era sumisa y manuscrita, un gesto que conmovió tanto a la corte de Tahmasp que recibieron a Humayun y a sus seguidores con los mayores honores. Durante su visita a Persia, Humayun quedó maravillado por su arquitectura y su arte, y más tarde emplearía a artistas persas en su propia corte. Los dos gobernantes no se reunieron durante los primeros seis meses de la estancia de Humayun en Persia. Pero una vez que lo hicieron, se organizaron muchas fiestas fastuosas para celebrar la ocasión. Existe incluso un cuadro mural que representa el encuentro de los dos monarcas, y que aún sobrevive en Chehel Sotoun, Irán.

El shah Tahmasp trató al desgraciado emperador mogol con todos los honores reales que podía conceder, pero instó a Humayun a convertirse de sus creencias suníes al islam chií, lo que aceptó. Sus seguidores mogoles se mostraron reacios a la conversión, pero finalmente accedieron, ya que vieron que era la única forma en que Tahmasp apoyaría la reconquista del Imperio mogol por parte de Humayun. Después de que se convirtiera al chiismo, Humayun demostró ser de verdadero valor para Tahmasp. Cuando Kamran ofreció Kandahar, situada en el actual Afganistán, para el intercambio de Humayun, Tahmasp lo rechazó. De hecho, el gobernante persa estaba tan enfurecido porque Kamran quería a Humayun muerto que preparó una gran celebración, en la que anunció que le daría a Humayun 12.000 hombres de caballería para atacar a Kamran. A cambio, quería recibir Kandahar de manos de Humayun.

La restauración del Imperio mogol

Humayun comenzó su misión de retomar su imperio en 1545, pero le llevaría más de una década tener éxito. Comenzó lentamente atacando Kandahar, donde gobernaba Askari. Con la ayuda de los 12.000 soldados de caballería de Tahmasp, la ciudad cayó tras ser asediada durante cuatro semanas. Como había prometido, entregó la ciudad a Tahmasp, que nombró a su hijo pequeño como virrey. Sin embargo, el niño murió pronto, y Humayun se creyó lo suficientemente fuerte como para enfrentarse a Tahmasp y gobernar la ciudad él solo. Pero tras algunas negociaciones, los dos monarcas acordaron instalar un gobernador que gobernara la ciudad bajo su soberanía conjunta.

Ese mismo año, Humayun marchó con su ejército para tomar Kabul. Kamran Mirza no era querido por su pueblo, y cuando sus soldados vieron que se acercaba el ejército persa de Humayun, cambiaron de bando y pasaron a ser cientos. Kabul fue tomada con facilidad, y Humayun se reunió con su hijo, Akbar. Organizaron un gran banquete en honor del muchacho. Sin embargo, Kamran sobrevivió a la embestida, y construyó un nuevo ejército fuera de las murallas de la ciudad. Haría que Humayun perdiera Kabul dos veces, pero cada vez que lo hacía, Humayun lograba recuperar la ciudad una vez más. Humayun pensó en continuar y devolver el Indostán bajo su dominio, pero era consciente de que no era el momento adecuado. En su lugar, organizó incursiones más pequeñas, recuperando cada vez más territorio de su patria, que daría como recompensa a sus comandantes. Esta táctica atrajo a los caudillos locales, que ofrecieron sus bandas al servicio de Humayun. Así, su ejército crecía constantemente.

Humayun sufrió constantes ataques de sus hermanos Kamran y Askari, que incluso capturaron a su hijo Akbar en algunas ocasiones. Cada vez los perdonaba hasta que, en 1551, durante una incursión, mataron a Hindal, que en ese momento era súbdito de Humayun. Para castigar a sus hermanos, Humayun los exilió a ambos, no sin antes cegar a Kamran. Con sus tres hermanos fuera de juego, Humayun pudo concentrarse en recuperar el Indostán. Consiguió reclutar a persas y a la joven generación de guerreros de Asia Central que no recordaban sus propios fracasos. En 1555, aprovechó la oportunidad de la lucha dinástica existente en el Imperio suri para lanzar su primer ataque. Brevemente, Sher Shah había muerto diez años antes cuando Humayun no estaba preparado para atacar. El sucesor de Sher Shah, Islam Shah Suri, murió en 1554, lo que creó agitación y rivalidad entre sus tres sucesores. Los tres príncipes Suri marcharon hacia Delhi para intentar capturarla, mientras los líderes locales luchaban por su independencia. El escenario era perfecto para una invasión mogol.

Humayun confió en Bairam Khan, un caudillo turco que era un gran táctico, y en febrero de 1555 capturaron Lahore y el fuerte de Rohtas. Tras esas conquistas, su ejército tomó Dipalpur y Jalandhar en el Punjab. Avanzando hacia Delhi, donde planeaba tomar el trono, Humayun y Bairam Khan se encontraron con el ejército suri, que contaba con 30.000 hombres. El ejército mogol derrotó fácilmente a su enemigo y ocupó Sirhind. Pero Sikandar Shah Suri, uno de los pretendientes al trono, reunió un ejército de 80.000 soldados y atacó Sirhind el 22 de junio de 1555. Sin embargo, Bairam Khan, el brillante táctico, imitó el ataque que Sher Shah Suri había dirigido contra Humayun en la batalla de Chausa en 1539, y derrotó al ejército suri una vez más. El camino de Humayun hacia Delhi estaba ahora despejado, y rápidamente ocupó la ciudad, restableciendo así el Imperio mogol.

Humayun decidió adoptar un enfoque diferente al anterior para gobernar su imperio. En lugar de un estado centralizado, optó por la descentralización del imperio. Dividió el imperio en seis provincias semiautónomas que serían gobernadas por diferentes comandantes. Humayun sería el gobernante supremo de sus nuevas provincias de Delhi, Agra, Kanauj, Jaunpur, Mandu y Lahore. Se desplazaba de provincia en provincia con su corte y ejército nómadas, y supervisaba a sus gobernadores y les ofrecía su apoyo personal cuando lo necesitaban. El joven hijo de Humayun, Akbar, fue enviado a Lahore, donde aprendería de Bairam Khan, cuya tarea era asegurar el Punjab. Kabul fue entregada a su segundo hijo, Mirza Muhammad Hakim, que todavía era un niño y necesitaba la supervisión de un tutor de confianza.

Siete meses después de restaurar el Imperio mogol, Humayun tropezó al bajar las empinadas escaleras de su biblioteca, hiriéndose gravemente. Tres días después, el 27 de enero de 1556, Humayun murió a causa de sus heridas. Se dice que Humayun tenía los brazos llenos de libros cuando escuchó la llamada a la oración mientras bajaba las escaleras de la biblioteca. Por costumbre, dobló la rodilla en una reverencia religiosa, pero su pie se enganchó a su túnica y cayó por los escalones, golpeándose la cabeza con el borde de una piedra.

Humayun fue enterrado por primera vez en un fuerte llamado Purana Quila, pero su primera esposa, Bega Begum, encargó la construcción de una gran tumba en el jardín de Delhi al estilo mogol para su marido. Esta tumba era tan grandiosa que sirvió de ejemplo para el posterior Taj Mahal de Agra.

Capítulo 4 - El Imperio bajo el emperador Akbar

Akbar el Grande

https://en.wikipedia.org/wiki/Akbar#/media/File:Govardhan._Akbar_With_Lion_and_Calf_ca._1630,_Metmuseum_(cropped).jpg

Abu'l-Fath Jalal-ud-din Muhammad Akbar, más conocido como Akbar el Grande, sucedió a su padre y gobernó el Imperio mogol durante casi cinco décadas, desde 1556 hasta 1605. Durante su gobierno, la dinastía mogol se arraigó en el Indostán. A diferencia de su abuelo y su padre, Akbar vivió en el Indostán la mayor parte de su vida, al igual que sus sucesores. Nació en Sindh, pero pasó parte de su infancia en Asia Central como prisionero real en Kabul, en la corte de su tío Kamran. Sin embargo, Akbar era muy joven cuando murió su padre y su sucesión no quedó sin respuesta.

Para evitar las luchas por la sucesión, los consejeros y cortesanos de Humayun mantuvieron su muerte en secreto durante varias semanas. Sin embargo, sus acciones no ayudaron a que el menor de edad Akbar fortaleciera su posición como emperador. Estaba bajo la regencia del mayor guerrero de su padre, Bairam Khan, y aunque este intentó superar a los rivales de Akbar y enviar una fuerza que defendiera las fronteras del Imperio mogol contra los sucesores del Imperio suri, sus comandantes de Asia Central no estaban de acuerdo. De hecho, muchos de ellos se prepararon para regresar a su tierra natal tras la muerte de Humayun.

En ese momento, de vuelta en Asia Central, Kabul estaba siendo atacada por el príncipe Mirza Sulaiman, el gobernante de Badakhshan. Con sus problemas, Kabul no pudo enviar ayuda al Indostán, y el Imperio suri reconquistó fácilmente Agra y Delhi. Finalmente, Bairam Khan persuadió a los comandantes para que le dieran el mando principal de las fuerzas mogoles, y todos aceptaron marchar contra el usurpador suri Sikandar Shah Suri, que gobernaba en el Punjab. Sin embargo, resultó ser poco más que una molestia para el ejército de Akbar, y fue derrotado fácilmente, devolviendo así Delhi al redil del Imperio mogol. Sin embargo, la verdadera amenaza para Akbar provenía de Hemu, un rey hindú que solía servir al Imperio suri como ministro. Bajo su liderazgo, el ejército suri expulsó a los mogoles de la llanura indogangética en 1556, y Delhi se perdió una vez más.

Antes de que Hemu consiguiera consolidar su poder en la región, Bairam Khan reorganizó el ejército mogol y, con un Akbar de trece años, marchó para recuperar Delhi. El 5 de noviembre de 1556, Hemu fue derrotado, y las fuerzas mogoles ocuparon Delhi y Agra poco después. Hemu fue capturado y ejecutado, y su cabeza fue enviada a Kabul para ser colgada para que todo el mundo viera que el joven emperador Akbar había ganado y recuperado su imperio. Aunque todos los familiares y partidarios de Hemu fueron ejecutados, Akbar erigió un minarete en su recuerdo y un monumento a Hemu en el lugar donde fue decapitado.

Emperador bajo regencia (1556-1562)

Representación del emperador entrenando a un elefante

https://en.wikipedia.org/wiki/Akbar#/media/File:Kaiser_Akbar_b%C3%A4ndigt_ein en_Elefanten.jpg

Durante los primeros cuatro años de su gobierno, Akbar no tomó un papel activo en la administración de su imperio. En su lugar, disfrutaba cazando lejos de su corte, y se apoyaba completamente en su comandante de guerra Bairam Khan, que gobernaba como Wakil-us-Sultanat, un agente del Estado. Tras la derrota de Hemu, el control personal de Bairam Khan sobre el gobierno no hizo más que crecer, y obtuvo suficiente poder para colocar a sus propios centroasiáticos e iraníes en puestos oficiales clave. Sin embargo, para recompensar a todos sus partidarios, Bairam Khan necesitaba riqueza, y las arcas reales se vaciaron rápidamente. Akbar era visto como un gobernante débil debido a su juventud, y para explotar esta debilidad mogol, los safávidas persas, en 1557, arrebataron a los mogoles el control total de Kandahar. Sin embargo, Bairam Khan consiguió ampliar el imperio en 1558 cuando conquistó Ajmer, Jaunpur y Gwalior.

El emperador disfrutaba de sus cacerías y, más adelante, solía combinar sus expediciones militares con la caza. Cuando era joven, cazaba no solo por placer, sino también para practicar sus habilidades marciales y para ganar influencia y reputación entre sus subordinados. Disfrutaba especialmente de la *qamarha*, un estilo de caza mongol en el que participaban cientos o incluso miles de jinetes. Este estilo de caza exigía muy buenas dotes de organización y liderazgo para realizarla con éxito. Otro de los placeres de Akbar era capturar elefantes salvajes y domarlos para la batalla. En la India, los elefantes eran vistos como símbolos de soberanía, y se consideraba un honor especial montar este animal en la batalla. Akbar arriesgó su vida muy a menudo en su juventud solo porque quería capturar, domar y entrenar a sus propios elefantes.

Durante el periodo de regencia, Akbar dedicó tiempo a reunirse con líderes hindúes y, a diferencia de sus predecesores, valoró el consejo hindú. No confió únicamente en los comandantes musulmanes de Asia Central e Irán. Por ello, muchos rajputs hindúes, miembros de una casta guerrera de la India, valoraron a Akbar y vieron en él un aliado potencial. Se alistaron en el ejército mogol y, al ser tan bien aceptados en la corte mogol, lo vieron como una oportunidad para reunir recursos y riqueza. Más tarde, cuando Akbar asumió el gobierno de su imperio, colocaría a algunos de los rajputs hindúes más leales en su propia casa. Entre los primeros rajputs que conoció estaba Bihari Mal, que se convirtió en un buen amigo del emperador y con cuya hija Akbar se casaría más tarde.

Con Bairam Khan, Akbar se mostró siempre afectuoso, y lo trató con el máximo respeto y amor como a un padre adoptivo. Incluso se refería a él como Khan Baba, "noble padre". Sin embargo, otros comandantes y cortesanos trataron de socavar la relación que Akbar mantenía con Bairam Khan. Desafiaron la autoridad de Bairam y quisieron reemplazarlo. Así, compitieron por el afecto de Akbar durante toda su adolescencia. Había dos clanes principales que se oponían a la autoridad de Bairam Khan. Uno estaba liderado por Shamsuddin Muhammad Atgah Khan, más conocido simplemente como Ataga Khan, un soldado afgano que fue recompensado con un alto cargo en la corte mogol por salvar la vida de Humayun en 1540. La esposa de Ataga Khan fue la nodriza y madre adoptiva de Akbar, lo que convertiría a Ataga en el padre adoptivo del emperador. La familia de Ataga Khan permaneció con Akbar cuando sus padres tuvieron que abandonarlo. Incluso estuvieron con él en la corte de Kabul, donde Akbar era un rehén real. Era natural que Akbar tuviera también respeto y afecto por esta familia.

Otra facción que se oponía a Bairam Khan se centraba en la segunda nodriza y madre adoptiva de Akbar, Maham Anga. Junto con sus parientes, acusaba a Bairam Khan de arrogancia, y a menudo lanzaba especulaciones sobre las acciones de Bairam para disminuir su prestigio. Sin embargo, Bairam era demasiado orgulloso y a menudo duro a la hora de responder a las acusaciones de Maham Anga, lo que provocó tensiones entre él y el joven emperador. Durante su juventud, Akbar no tenía control sobre el tesoro real, lo que significaba que no disponía de ninguna riqueza personal, y le resultaba difícil enfrentarse a Bairam Khan, que disfrutaba de todos los lujos de palacio. Una vez desafiado, Bairam Khan fue implacable y exigió a su oposición que le pidiera perdón. Sin embargo, Akbar no aprobaba ese comportamiento y emitió un decreto real contra Bairam en 1560. Bairam Khan perdió a muchos de sus partidarios, ya que vieron el decreto como una señal de su desgracia y se unieron a Akbar. El regente no tuvo más remedio que renunciar a los símbolos de su rango. Sin embargo, Akbar seguía queriendo a su Khan Baba, y le dio a elegir: podía quedarse en su corte como consejero, o podía ir a La Meca en peregrinación. Bairam eligió ir en peregrinación, y Akbar le asignó algunas propiedades de tierra como su merecida pensión una vez que regresara de La Meca. Sin embargo, Bairam Khan nunca volvió al Indostán. Tampoco llegó a La Meca. Fue asesinado en Sindh por un afgano hostil que tomó represalias por la muerte de Hemu.

Aunque los clanes se deshicieron con éxito de Bairam Khan, continuaron la lucha por la influencia en el gobierno de Akbar. Maham Anga tuvo mucho éxito a la hora de dictar la política una vez que dio su apoyo a Munim Khan, que se convirtió en el visir oficial (consejero del emperador y ministro del imperio). Munim Khan era un antiguo cortesano favorito del padre de Akbar, y ayudó a Maham Anga a promover a su hijo, Adham Khan, en la corte. Fue durante este periodo, concretamente en 1562, cuando los mogoles conquistaron Malwa a los rajputs. Además, se apoderaron de la fortaleza de Chunar, que hasta entonces había estado en manos de los indoafganos, que se rebelaban constantemente. Fue entonces cuando se produjo el enfrentamiento entre Adham Khan y Akbar, ya que el hijo de Anga mató a las mujeres capturadas de Chunar en lugar de enviarlas a Akbar. También ordenó el asesinato de Ataga Khan, su opositor, para ganar aún más influencia y poder en la corte real.

La consecuencia del enfrentamiento entre Akbar y Adham Khan fue que el emperador acabó imponiendo su poder, haciendo huir de la corte a sus cortesanos ávidos de poder. Aquellos que maquinaban constantemente e impulsaban sus agendas fueron castigados, y Akbar comenzó por fin su gobierno independiente, libre de regentes y asesores ávidos de poder. Aprendiendo la lección, Akbar no permitió que ninguno de sus funcionarios acumulara demasiado poder. Toda la autoridad que antes tenía Bairam Khan la repartió Akbar entre sus ministros, y ahora estos debían trabajar bajo la supervisión directa del emperador. Se desconoce cuánto poder e influencia tenían las mujeres de la corte de Akbar, pero este solía escuchar los consejos de los miembros de su familia que no tenían un estatus de alto rango.

Se cree que Akbar padecía dislexia, ya que era analfabeto, algo muy extraño para una persona de su rango. Pero consta que tenía una memoria extraordinaria. Almacenaba en su memoria todos los documentos e informes que se le leían y sorprendía a sus funcionarios con el conocimiento de los detalles de los documentos obsoletos. Se encargaba de emitir personalmente todas las órdenes, ascensos, descensos, premios y nombramientos de sus altos funcionarios, comandantes, ministros y cortesanos. También se ocupó personalmente de muchos matrimonios reales, lo que le ayudó a crear una amplia red de nuevos partidarios. Akbar también participó activamente en la planificación de estrategias militares y en la dirección de su propio ejército. Además, a Akbar se le atribuye la invención de muchas armas nuevas; sin embargo, esto podría ser solo una exageración de los cronistas imperiales. Se aseguró de estar al día de los acontecimientos importantes empleando a cronistas que recogían toda la información importante de todos los ministerios, de todo el imperio en general e incluso de los gobernantes vecinos. Y no solo supervisaba a los habitantes de su reino, sino que también supervisaba personalmente sus ricos establos imperiales, que albergaban caballos, camellos y elefantes.

La administración y el ejército

Akbar dedicó su gobierno a la expansión de su imperio. Como imperio militar, los mogoles necesitaban un ejército vasto y en constante crecimiento y una administración que mantuviera dicho imperio. Tenían que exigir tributos e ingresos de todas las zonas que conquistaban continuamente, ya que el imperio exigía grandes ingresos para mantener su ejército, su administración y la corte de Akbar. Los predecesores de Akbar, tanto Babur como Humayun, se apoderaron de los tesoros de los territorios que conquistaban y también obligaron a los gobernantes y terratenientes locales a encontrar todas las fuentes de ingresos posibles en sus territorios y a entregárselos al emperador como tributo. Luego el emperador dividía las ganancias entre sus leales comandantes para recompensarlos.

Akbar tuvo problemas con muchos de los gobernantes locales, ya que no se conformaban con su administración. Con el tiempo, los sustituyó por aquellos que eran más obedientes, o simplemente sus territorios eran tomados y dirigidos por la administración de Akbar en su lugar. De este modo, Akbar se aseguró gobernantes locales, rajputs y terratenientes que le darían a él y a su familia todo su apoyo a cambio de protección y la oportunidad de ascender en el poder político. Se concedieron tierras sin cultivar a personas prominentes que las convertirían en tierras productivas, que solo empezarían a pagar tributo al emperador cuando las pusieran en marcha. Sin embargo, el Imperio mogol nunca estableció un monopolio sobre la mano de obra militar india ni tomó la costumbre de utilizar la coerción, y por ello sufrió a menudo rebeliones. Durante el reinado de Akbar se registraron 144 rebeliones, que en su mayoría fueron dirigidas por terratenientes locales que tenían libertad para contratar soldados a su antojo.

Aunque los predecesores de Akbar practicaban la extorsión predatoria de tributos, él era diferente. Akbar optó por un modelo más centralizado que exigiría ingresos, pero estaría estrictamente controlado por un conjunto de normas y registros, que supervisaría tanto a los pagadores como a los recaudadores. También reclutó entre los hindúes para ocupar los nuevos cargos de la administración local. Al ser locales, ya poseían los conocimientos y la experiencia necesarios para la gestión de la tierra, y ya contaban con la confianza de los terratenientes locales.

Akbar, junto con Bairam Khan, modeló su administración según la utilizada por Sher Shah Suri durante su reinado en el norte de la India. Sin embargo, mientras Bairam Khan gastó los ingresos obtenidos para ganar adeptos, Akbar invirtió en una mayor modernización e innovación de los sistemas administrativos y burocráticos. En 1566, Akbar implantó un sistema de impuestos fijos, que se basaban en la productividad de un territorio. Pero esto era muy duro para los campesinos, ya que el tipo impositivo se fijaba en función de la corte imperial donde vivían las personas ricas que podían pagar altos ingresos.

Akbar tuvo que descentralizar el sistema y evaluar anualmente los ingresos de un territorio, lo que abrió la puerta a la corrupción. En 1580, Akbar sustituyó este sistema por uno llamado Dahsala, en el que los ingresos se calculaban como un tercio de la producción media de los últimos diez años. Estos ingresos debían pagarse al emperador en dinero en lugar de en productos. No era ni mucho menos un sistema perfecto, pero era el que mejores resultados daba. Era necesario perfeccionarlo debido a la corrupción presente, y se hizo mucho para ayudar a combatir esta corrupción y hacer posible que tanto los campesinos como los terratenientes prosperaran. La administración de Akbar agrupó las zonas que producían una cantidad similar de ingresos en una serie de grupos de evaluación para facilitar la gestión, y se tuvieron en cuenta los precios locales para no agitar a los lugareños que trabajaban la tierra. Si la cosecha era destruida por una inundación o una sequía, los campesinos de esas zonas afectadas quedaban libres de pagar los impuestos de ese año. El sistema Dahsala fue inventado por el rajá Todar Mal, un ministro de finanzas que trabajó a las órdenes de Sher Shah Suri y Akbar. Hacia 1583, la administración y el sistema de impuestos estaban plenamente implantados en todo el imperio.

Los terratenientes del imperio eran conocidos como zamindars, y tenían el derecho hereditario de recaudar y repartir el producto de sus tierras, pero a su vez estaban obligados a conceder préstamos y a mejorar la agricultura de sus regiones. Se les consideraba nobles y tenían derecho a transmitir su título aristocrático a su descendencia. Los zamindars comandaban su propio ejército y, como a menudo no estaban satisfechos con la administración del Imperio mogol, lideraban rebeliones contra el emperador Akbar. Durante el Imperio mogol, todos los gobernantes locales y los príncipes indios eran llamados zamindars, independientemente de que sus títulos fueran realmente rai, raja, rana, rao o rawat. En el mundo persa, todos se llamaban zamindars, y el historiador contemporáneo de la época de Akbar, Arif Qandhari, calculó que había unos 300 gobernantes de este tipo bajo el dominio de Akbar.

En el ejército, Akbar implantó un sistema de clasificación para todos sus oficiales de alto rango, conocido como el sistema mansabdari mogol. Cuatro siglos antes, el antepasado de Akbar, Genghis Khan, había utilizado un sistema similar, y más recientemente Sher Shah Suri. Akbar desarrolló aún más el antiguo sistema, haciéndolo mucho más sofisticado. Este sistema se puso en práctica en torno a 1574, cuando Akbar asignó un grado numérico de 10 a 5.000 a cada uno de sus mil oficiales superiores. Sin embargo, solo se utilizaron 33 valores numéricos, cada uno de los cuales aportaba a su oficial un salario específico.

A su vez, los oficiales debían aportar un número determinado de soldados de caballería o de cualquier otro tipo, cuyo número dependía de su rango, y también debían pagar de su propio bolsillo los hombres reclutados. Los que tenían un rango de 500 o más eran emires, también deletreados como amir (nobles). El sistema aseguraba a todos los oficiales que podían ascender de rango durante su carrera y subir de categoría si desempeñaban mejor sus funciones.

En el Imperio mogol, los oficiales militares también recibían tareas administrativas, ya que los comandantes eran nombrados también gobernadores de las zonas recién conquistadas. Estos rangos no se transmitían a sus sucesores. Un oficial podía suceder a un gobernador, pero seguiría teniendo una puntuación inferior hasta que demostrara su valía. Un cargo no tenía una puntuación específica, y no habría sido factible que la tuviera, ya que Akbar retiraba a menudo a sus comandantes y nombraba otros nuevos. De repente, decidía trasladar a un gobernador a alguna otra provincia y lo asignaba a un cargo administrativo diferente.

El mansab, el grado de un funcionario, no era un sistema hereditario. Un padre no podía transferir su mansab a sus hijos, pero el nacimiento de una persona sí influía en su rango inicial. Al fin y al cabo, era por derecho de nacimiento que uno se encaminaba hacia la carrera de comandante. Los hijos siempre empezaban en un rango inferior al de sus padres, y tenían que demostrar su valía mediante un duro trabajo administrativo y logros militares. Pero no todos los nuevos reclutas empezaban con la misma puntuación. Los hijos de los oficiales más destacados empezaban con un mansab más alto que los de los soldados comunes. Los príncipes solían tener el mansab más alto, con una puntuación superior a la de los demás. Sin embargo, no todos eran iguales. Su valor dependía de mucho más que la puntuación, ya que la edad, la familia y la opinión personal del emperador sobre ellos marcaban la diferencia. Los líderes de las tierras recién conquistadas también recibían rangos iniciales muy altos, ya que se mantenían en sus posiciones principescas.

Los bienes de todos los mansabdars, los soldados que servían bajo el sistema de mansab, eran heredados por el emperador tras su muerte. No quedaba ninguna herencia para la familia del oficial fallecido y, por ello, los mansabdars nunca construían lujosos palacios. En cambio, invertían sus salarios en la construcción de templos, mezquitas o sus propias tumbas, ya que estas no podían ser tomadas por el emperador. Sin embargo, si Akbar tenía un favorito entre ellos, solía ceder las tierras y sus propiedades a su familia tras la muerte del oficial. Los mansabdars también invertían en educación, especialmente en habilidades administrativas, así como en sus partidarios y seguidores, ya que estos podían pasar a su descendencia mientras que las tierras, el salario y la casa no.

La expansión del Imperio de Akbar

Akbar comenzó la expansión de su imperio cuando solo tenía dieciocho años. Preparó su ejército para tomar los territorios del sur del subcontinente indio, concretamente Rajputana y Malwa, pero en 1559, la disputa que mantuvo con Bairam Khan frenó esta campaña militar. Una vez que despidió a Bairam Khan en 1560, Akbar retomó su idea de conquistar el sur. Primero llegó la conquista de Malwa. La conquista fue dirigida por el hermano adoptivo de Akbar, Adham Khan, y un comandante llamado Pir Muhammad Khan. Akbar tenía derecho a esta provincia, ya que formaba parte del Imperio mogol antes de que su padre la perdiera a manos de Sher Shah Suri.

Malwa estaba gobernada por el sultán Baz Bahadur, cuyo ejército fue derrotado por los mogoles en 1561 en la batalla de Sarangpur. De hecho, las fuerzas afganas de Baz Bahadur desertaron al ver el poderío del ejército mogol cuando este ocupó su capital, Mandu. Allí, los mogoles masacraron a los ciudadanos y se apoderaron del tesoro real y del harén. Akbar incluso tuvo que intervenir y deshacerse del sanguinario Adham Khan, que, aunque se convirtió en gobernador de la provincia tras la conquista, siguió siendo cruel con los lugareños. Baz Bahadur huyó a Khandesh, pero fue perseguido por Pir Muhammad Khan, que murió tras encontrarse en medio de un enfrentamiento militar entre dos de los sultanatos del Decán. Este conflicto devolvió brevemente Malwa al gobierno de Baz Bahadur, pero los mogoles regresaron en 1562 para conquistarla de nuevo.

Abdullah Khan Uzbeg fue el comandante de la nueva conquista de Malwa, pero Baz Bahadur consiguió escapar de nuevo. Se refugió en las colinas of Gondwana y, en 1568, encontró cobijo en la corte de Udai Singh II, el gobernante de Mewar. Sin embargo, Baz Bahadur consiguió negociar su posición con el emperador mogol, y una vez que se rindió en 1570, se le dio un mansab de 2.000 y una posición entre los nobles mogoles.

Con Malwa ahora bajo su control, Akbar estaba un paso más cerca de recuperar todos los territorios del Indostán de sus antepasados. Sin embargo, aún quedaba otra provincia del norte de la India de la que había que ocuparse para que Akbar lograra esta victoria. Garha era una zona de colinas en el centro de la India; estaba escasamente poblada y no tenía mucho que ofrecer, salvo una gran manada de elefantes salvajes, que era un premio inestimable para el emperador mogol. Esta provincia cayó en 1564 después de que su reina guerrera, Rana Durgavati, se suicidara cuando su ejército fue derrotado en la batalla de Damoh. Con esta provincia, el Imperio mogol quedó asegurado y todo el norte de la India volvió a estar bajo el dominio de los mogoles.

Con todos los territorios asegurados, Akbar se centró en ampliar su reino, y la primera en sufrir un ataque fue Rajputana. Los mogoles ya gobernaban algunos de los territorios de Rajputana, como Mewat y Ajmer. Sin embargo, era el momento de que Akbar extendiera aún más su influencia en el corazón de Rajputana, donde ningún otro gobernante se atrevía a llegar. Comenzó esta conquista en 1561, y la mayoría de los territorios aceptaron la supremacía de Akbar sin mucho conflicto. Sin embargo, Mewar y Marwar permanecieron sin conquistar. Los líderes de estos territorios, Udai Singh II y Chandrasen Rathore, respectivamente, siguieron desafiando a Akbar. Udai Singh, como jefe del clan Sisodia, poseía el más alto estatus entre los reyes indios, y además era descendiente de Rana Sanga, que había luchado contra Babur en 1527. Por lo tanto, era imperativo para Akbar hacer que este gobernante indio se sometiera a su autoridad.

La capital de Mewar era la ciudad fortaleza de Chittor, y era un lugar estratégicamente importante porque se encontraba en la ruta más corta hacia Guyarat. Esto significa que quien tuviera Chittor tendría esencialmente la llave del corazón de Rajputana. Cuando los mogoles atacaron, Udai Singh se retiró de su corte a las colinas de Mewar, y dejó que su capital fuera defendida por dos guerreros. En febrero de 1568, el fuerte de Chittor cayó, pero no antes de sufrir daños durante los cuatro meses de asedio. Akbar decapitó a todos los soldados supervivientes de Mewar, así como a 30.000 ciudadanos, y expuso sus cabezas en las torres de la ciudad. Esta era una práctica habitual en tiempos de guerra, ya que el conquistador necesitaba mostrar su autoridad. El poder de Udai Singh II estaba completamente quebrado, y nunca abandonó su refugio en la montaña. Akbar no se molestó en perseguirlo, sino que lo dejó en paz.

La siguiente en caer fue Rajputana, una de las fortalezas más poderosas del subcontinente. En 1568 cayó, pero no antes de que sus soldados soportaran varios meses de asedio. Con la toma de Ranthambore, Rajputana quedó bajo el dominio de Akbar, y la mayoría de los reyes de estos territorios se sometieron a él. Solo algunos clanes de Mewar continuaron resistiendo, pero fueron fácilmente tratados. Cuando el hijo de Udai Singh, Pratap Singh I, sucedió a su padre, intentó resistirse a Akbar, pero fue derrotado en la batalla de Haldighati en 1576. Para celebrar la completa sumisión de Mewar, Akbar levantó una nueva capital cerca de Agra a la que llamó Fatehpur Sikri, "la ciudad de la victoria". Sin embargo, Pratap Singh, que sobrevivió a la batalla, siguió rebelándose contra los mogoles. De hecho, consiguió recuperar la mayor parte del reino de su padre mientras Akbar seguía vivo.

Los siguientes objetivos del emperador mogol eran los territorios de Guyarat y Bengala. Ambos territorios conectaban la India con Asia, África y Europa, y como tales, eran de suma importancia para el comercio en la India. Con la conquista de estos territorios, Akbar se desharía de los nobles mogoles rebeldes que habían encontrado refugio en Guyarat, así como de los afganos bajo su gobernante Sulaiman Khan Karrani en Bengala.

Con Rajputana y Malwa ahora bajo el dominio de Akbar, Guyarat fue el siguiente en ser atacado, ya que estaba rodeado de territorios mogoles. Además de contar con el puerto marítimo más activo y ser un importante centro comercial de la India, Guyarat tenía tierras fértiles y productivas en su corazón y una industria textil bien establecida que aportaba considerables riquezas a sus dirigentes. Aunque esta era una buena razón para conquistar este estado costero, la principal motivación de Akbar radicaba en el hecho de que en el sur de Guyarat había un refugio para sus enemigos políticos mogoles, que dirigían sus rebeliones y seguían maquinando contra él desde sus bases allí. En 1572, Akbar ocupó Ahmedabad y otras ciudades del norte de Guyarat. Cuando Ahmedabad, la capital de Guyarat, cayó, Akbar fue proclamado soberano oficial de la provincia. Sus enemigos políticos siguieron resistiendo, pero el emperador consiguió expulsarlos de Guyarat en 1573. Todas las ciudades costeras, incluida la capital comercial, Surat, capitularon ante Akbar. Muzaffar Shah III, el rey de Guyarat, se escondió en un maizal; tras ser encontrado, en lugar de deshacerse de él, Akbar le dio una pequeña asignación para que pudiera retirarse.

Después de ocuparse de Guyarat, Akbar pudo centrarse en Bengala, el último territorio bajo control afgano. Bengala estaba gobernada por Sulaiman Khan Karrani, que había sido un jefe de guerra a las órdenes de Sher Shah Suri cuando Humayun fue derrotado. Sulaiman Khan quería evitar cualquier conflicto con Akbar y consiguió mantenerse independiente mediante esfuerzos diplomáticos, pero su hijo, Daud Khan, decidió pasar a la ofensiva una vez que sucedió al trono de Bengala en 1572. Sulaiman Khan reconoció en cierta medida la supremacía de Akbar, lo que trajo la paz a sus tierras. Daud Khan, en cambio, proclamó públicamente su desafío a Akbar. El gobernador mogol de Bihar, una provincia situada junto a Bengala, recibió la orden de tratar con Daud Khan, pero Akbar se sintió desafiado, por lo que finalmente se dispuso a tratar con Bengala en persona.

Patna, la capital de Bihar, fue tomada en 1574, y en lugar de continuar hacia Bengala, Akbar ordenó a sus generales que continuaran la conquista mientras él regresaba a Fatehpur Sikri, la nueva capital. En la batalla de Tukaroi, en 1575, el ejército mogol obtuvo una victoria decisiva y se anexionó Bengala, así como las partes de Bihar que aún estaban bajo el dominio de Daud Khan. Sin embargo, Akbar dejó el territorio de Orrisa como feudo a la dinastía Karrani. No obstante, Daud Khan se rebeló de nuevo un año después e intentó recuperar la totalidad de Bengala, pero no contaba con una gran base de partidarios. Aun así, tras ser derrotada su rebelión, se vio obligado a huir al exilio. Akbar ordenó su captura, y pronto la cabeza de Daud Khan fue enviada al emperador.

Campañas militares en Afganistán y Asia Central

Tras la conquista de Bengala y Guyarat, Akbar se ocupó de la mejora administrativa y militar de su imperio. Hasta 1581 no organizó una gran campaña militar, aunque entretanto siempre había bastantes rebeliones que sofocar, y encontró formas de mantener ocupado a su ejército. Mirza Muhammad Hakim, hermano del emperador, invadió el Punjab en 1581, pero Akbar lo expulsó fácilmente de los territorios del Indostán. Sin embargo, no pensó que derrotar a su hermano una vez fuera suficiente, por lo que Akbar continuó persiguiendo a Hakim hasta Kabul, ya que quería acabar con la amenaza que su hermano representaba para el Imperio mogol, de una vez por todas.

Akbar tuvo problemas para persuadir a sus comandantes de que abandonaran la India y lucharan en una guerra lejana. Babur tuvo una vez el problema de persuadir a sus camaradas de habitar la India, y ahora, sus descendientes no querían marcharse. Fue especialmente difícil persuadir a los comandantes hindúes, ya que tenían prohibido cruzar el río Indo debido a sus creencias tradicionales. A los hindúes de castas altas se les prohíbe, por un tabú religioso, cruzar superficies de agua, ya que se cree que al hacerlo perderán su honor y respeto social, y por tanto, perderán su casta. En el periodo mogol, este tabú incluía los ríos, pero más tarde se restringió solo a los viajes por mar. El tabú se conoce como *kala pani*, que se traduce literalmente como "agua negra", o como Samudrolanghana. Este tabú sigue existiendo en el hinduismo, pero existen ciertos rituales que uno puede realizar para recuperar su casta perdida tras cruzar la superficie del agua.

Para convencer a sus oficiales, Akbar les pagó sus sueldos con ocho meses de antelación, lo que fue suficiente para estimularlos. En agosto, Akbar conquistó Kabul y su hermano huyó a las montañas. Sin embargo, Akbar solo permaneció en Kabul durante tres semanas. Kabul quedó entonces en manos de la hermana del emperador, Bakht-un-Nisa Begum, mientras él regresaba a la India. Hakim regresó a Kabul después de que Akbar lo perdonara, y recibió un alto cargo como funcionario administrativo. Cuando Muhammad Hakim murió en 1585 por problemas de salud causados por el alcoholismo, Akbar tomó Kabul bajo su dominio directo y la convirtió en una provincia del Imperio mogol.

Akbar trasladó su capital a Lahore, en el norte, para estar más cerca de las zonas problemáticas de su imperio. Los uzbekos, ahora dirigidos por Abdullah Khan Shaybanid, seguían siendo la principal amenaza de los mogoles. Apostados más allá del paso de Khyber, hostigaban las fronteras del Imperio mogol, pero no eran los únicos. Algunas tribus afganas que ocupaban los territorios fronterizos provocaban a menudo disturbios en la zona, ya que se inspiraban en su nuevo líder religioso, Bayazid Pir Roshan, que fundó el movimiento Roshaniyya para luchar contra la injusticia social en el Imperio mogol. Roshan y sus seguidores creían en el igualitarismo, o lo que hoy llamaríamos sistemas sociales comunistas. Para mantener a Akbar ocupado y alejado de sus territorios, los uzbekos pagaron a los afganos para que agitaran la situación en su frontera.

Sin embargo, no hubo ningún conflicto importante entre los mogoles y los uzbekos, ya que Akbar consiguió negociar un pacto con Abdullah Khan. Durante este periodo, la dinastía safávida controlaba la región de Jorasán, en el actual Irán, y los uzbekos querían invadir la zona. Para ello, necesitaban que los mogoles no se entrometieran con ellos. A cambio, Abdullah Khan prometió que los uzbekos dejarían de apoyar a los afganos y dejarían de ofrecerles refugio del Imperio mogol. Akbar estaba dispuesto a enfrentarse a los afganos, y el primer ataque contra ellos fue dirigido por los comandantes Zain Khan y Raja Birbal. Sin embargo, su campaña fue un desastre, y mientras se retiraba por la zona montañosa del paso de Malandarai en 1586, Birbal fue asesinado. Akbar no esperó y envió inmediatamente otro ejército para contener a los Yusufzai, una tribu afgana, en las montañas. Durante los seis años siguientes, los mogoles consiguieron someter a muchos jefes de guerra afganos a su dominio.

Akbar seguía soñando con la conquista de Asia Central, especialmente de los territorios que conforman el actual Afganistán. Sin embargo, algunas partes de esos territorios, como Badakhshan y Balkh, estaban bajo el dominio uzbeko, y el emperador mogol no tenía ninguna prisa por romper el trato que había hecho con ellos. En el siglo XVII, el nieto de Akbar llegó a ocupar estos territorios, aunque por poco tiempo. Aunque su sueño de una Asia Central unificada no se cumplió, Akbar consiguió muchos logros en los territorios de las fronteras del norte. Cuando Abdullah Khan de los uzbekos murió en 1598, el dominio mogol sobre los territorios de las tribus afganas quedó asegurado, ya que la amenaza de que los uzbekos rompieran su parte del trato pasó. En 1600, la última tribu afgana rebelde estaba sometida y el movimiento Roshaniyya había sido suprimido. Todas las personas destacadas de este movimiento fueron exiliadas, y el hijo de Roshan, Jalaluddin, fue asesinado en 1601.

Durante su estancia en Lahore en 1586, Akbar envió un ejército para conquistar Cachemira, en la cuenca superior del Indo. Previamente, Akbar pidió al gobernante de Cachemira, Alí Shah, que se sometiera al Imperio mogol y enviara a su hijo como rehén real a la corte de Akbar. Cuando Alí Shah se negó, el emperador mogol vio la oportunidad de atacar. Sin embargo, no se produjo ningún conflicto importante, ya que Alí Shah se rindió inmediatamente. Sin embargo, su segundo hijo, Yaqub, se rebeló contra los mogoles y se proclamó rey. Se resistió a someterse al emperador mogol durante los tres años siguientes. Akbar se vio obligado a trasladarse desde Lahore y enfrentarse a esta rebelión personalmente. En junio de 1589, Yaqub se rindió y la rebelión terminó. El siguiente en caer fue el territorio de Sindh, en el bajo valle del Indo. Tras la batalla de Sehwan en 1591, en la que los mogoles, en inferioridad numérica, derrotaron al ejército de Jani Beg, el gobernante de Thatta, en el sur de Sindh, los mogoles tenían un firme control de toda la zona del valle del Indo.

Akbar también dirigió campañas militares contra la dinastía safávida en Kandahar y los sultanes del Decán. Los sultanatos del Decán eran cinco reinos que ocupaban los territorios de la meseta del Decán: Ahmednagar, Berar, Bidar, Bijapur y Golconda. Todos ellos acabaron sometiéndose a Akbar tras ser derrotados por el superior ejército mogol. Kandahar fue conquistada en 1595 y los sultanes del Decán fueron derrotados en 1601. Akbar tuvo tanto éxito en su expansión del Imperio mogol que, en 1605, gobernaba una gran franja de territorio, que se extendía desde la bahía de Bengala hasta Kandahar y Badakhshan. Sus territorios bordeaban el mar occidental en Sindh y, desde allí, su influencia se extendía hasta el centro de la India.

Capítulo 5 - Cien años de Imperio mogol (1605-1707)

Akbar murió el 27 de octubre de 1605. Sufría de disentería desde el 3 de octubre y no pudo recuperarse. Después de su muerte, Akbar fue enterrado en Sikandra, Agra, en una tumba que era una maravilla arquitectónica de la época.

El Imperio mogol que dejó era un imperio secular que quería hacer hincapié en la integración cultural. En la India, Akbar es alabado como un líder poderoso que no se basó solo en su poder militar, sino también en la diplomacia. Sin embargo, en Pakistán, a menudo se le olvida y ni siquiera se le menciona, ya que se cree que debilitó el islam con su tolerancia religiosa. Akbar no solo aceptó el hinduismo como religión legítima de su imperio, sino que también invitó a dos jesuitas cristianos a predicar el cristianismo. Sin embargo, cuando empezaron a condenar el Islam y a hablar en contra del profeta Mahoma, se vieron obligados a abandonar el imperio.

A Akbar le sucedió su hijo, Nur-ud-din Muhammad Salim. No era el hijo mayor, pero sí el único superviviente, ya que los demás habían muerto durante su infancia. Salim Mirza era conocido por disfrutar de los placeres terrenales, como el alcohol y su harén. Tuvo veinte esposas mientras era príncipe y numerosas concubinas. Sus consejeros le convencieron de que se rebelara contra el emperador Akbar, y dirigió un ejército para iniciar una guerra civil justo antes de la muerte de este. Sin embargo, cuando Akbar cayó enfermo, Salim Mirza hizo las paces con su padre. Salim también era conocido por su crueldad, ya que le gustaba torturar a sus enemigos. Era un hijo desobediente y Akbar intentó reformarlo y prepararlo para la sucesión. Sin embargo, Akbar empezó a favorecer a su nieto, Khusrau Mirza, en su lugar. Incluso expresó la idea de hacer a Khusrau su sucesor y renunciar a Salim. Sin embargo, Akbar no tuvo tiempo de hacer su testamento, ya que enfermó repentinamente y murió pronto.

Jahangir (r. 1605-1627)

Representación de Jahangir
https://en.wikipedia.org/wiki/Jahangir#/media/File:Indian_-_Single_Leaf_of_a_Portrait_of_the_Emperor_Jahangir_-_Walters_W705_-_Detail.jpg

En septiembre de 1605, Salim Mirza fue coronado emperador mogol, y tomó el nombre de Jahangir, el "Conquistador del Mundo". Khusrau Mirza desafió la sucesión de su padre, afirmando que era la elección de Akbar, pero su padre lo encarceló en el fuerte de Agra. Como castigo, Jahangir cegó a su hijo perforándole los ojos con alambres. Algunas fuentes afirman que el emperador mogol continuó siendo cruel con su primer hijo, diciendo que llevaría a Khusrau encadenado allá donde viajara. Jahangir esperaba que su hijo se presentara ante él cada día y le ofreciera sus respetos, pero Khusrau siguió desafiándolo. Finalmente, entregó el príncipe a su hijo menor, Khurram Mirza, quien mató a Khusrau para despejar su propio camino hacia la sucesión.

Como emperador, Jahangir estaba decidido a superar a sus predecesores. Mejoró el modelo imperial de su padre, pero también se esforzó por centralizar el gobierno en torno a su persona, ya que consideraba que un emperador era una figura sagrada, más cercana a lo divino que sus súbditos. Cuando Jahangir subió al trono del Imperio mogol, heredó los tesoros que lo acompañaban, y utilizó estas riquezas para ganar nuevos partidarios aumentando sus salarios y recompensando a los funcionarios que le agradaban.

Para hacer gala de su poder, Jahangir emitió nuevas monedas, aumentando su tamaño en un 20%. Sin embargo, esta decisión resultó ser destructiva para la economía del Imperio mogol, y tras solo seis años, Jahangir volvió al antiguo tamaño estándar de las monedas. Aunque sus ideas no siempre tuvieron éxito, Jahangir siguió innovando en la acuñación de monedas. Estaba orgulloso de su idea de decorar las monedas con un signo del zodiaco para el mes de su producción. Algunas monedas tenían su propio retrato, con una copa de vino, y fueron estas monedas las que ofendieron a muchos musulmanes ortodoxos, que estaban en contra del consumo de alcohol. Aunque Jahangir era un reconocido consumidor tanto de alcohol como de drogas, lo que le llevó a sufrir graves problemas de salud, a menudo prohibía la producción de ambos bajo la excusa de la piedad religiosa.

Al igual que su predecesor Babur, Jahangir llevaba un diario personal en el que detallaba su vida cotidiana. Como nunca hizo revisar su diario, nos queda la evidencia de todos los pensamientos, cambios de humor y actitudes del emperador. Describió su adicción al opio y al alcohol, así como las consecuencias para su salud. A los 26 años, las manos de Jahangir temblaban tanto que tenía que ser alimentado por sus asistentes. Incluso había que llevarle una taza de té a la boca. Llegó al punto de tener que consumir la droga para poder funcionar.

En su diario, Jahangir también describió los negocios del Imperio mogol, especialmente el comercio. Los portugueses ya estaban establecidos en la costa occidental del subcontinente indio, y junto con la Compañía británica de las Indias Orientales, y más tarde con la Compañía holandesa de las Indias Orientales, aumentaron la economía del Imperio mogol con el comercio exterior. En Europa había una gran demanda de textiles indios y otros productos, y gastaban la plata de América en comprar e invertir en la producción india. A cambio, entraban a la India cultivos procedentes de América, como el maíz y el tabaco, que se cultivaban en los campos del Imperio mogol. Aunque el emperador Akbar no creía en los beneficios del tabaco para la salud, en realidad fue Jahangir quien prohibió su consumo en su corte, alegando que provocaba una alteración en el temperamento y la constitución de las personas.

Aunque lanzó algunas campañas militares, Jahangir nunca participó personalmente en las guerras. En cambio, disfrutaba viajando por el imperio y admirando la belleza de su naturaleza y su arte. Aunque algunos académicos contemporáneos le acusaron de cobardía, no era necesariamente imprescindible que el emperador estuviera presente en el campo de batalla para que la campaña tuviera éxito. De hecho, los historiadores modernos piensan que su ausencia en el campo de batalla es una muestra de la estabilidad del Imperio mogol. Jahangir siguió expandiendo el imperio a lo largo de su reinado, y sus ejércitos salieron victoriosos en las fronteras norte, oeste y este. Sin embargo, no consiguió integrar completamente los nuevos territorios conquistados, lo que más tarde conduciría al debilitamiento del imperio.

En 1594, cuando aún era solo un príncipe, Akbar envió a Jahangir a ocuparse de los rajputs sisodianos de Mewar, que seguían desafiando al Imperio mogol. Pero Jahangir tuvo poco éxito entonces, y una vez que se convirtió en emperador, envió a su segundo hijo, Parviz, a terminar la campaña. Parviz también fracasó, y fue el tercer hijo de Jahangir, Khurram, quien finalmente negoció la sumisión del gobernante de Mewar, Rana Amar Singh I, el 5 de febrero de 1615. Rana Amar Singh era el más poderoso de los líderes rajputos de la época, y era esencial para el Imperio mogol mostrar su dominio sobre Mewar. Sin embargo, el líder rajput era difícil de doblegar, y toda la corte mogol tuvo que trasladarse a Ajmer desde 1613 hasta 1616 para apoyar la campaña contra Mewar. En 1616, los mogoles vencieron a los rebeldes de la frontera del Decán. A pesar de que Parviz Mirza había conquistado previamente la ciudad de Ahmednagar en 1605, la zona seguía viéndose afectada por las tenaces rebeliones contra el Imperio mogol.

Jahangir murió en 1627 tras sufrir una fuerte gripe durante su viaje de Kabul a Cachemira. Al estar tan lejos de Lahore, donde había encargado la construcción de su tumba, se sacaron sus entrañas para preservar el cuerpo y se enterraron en el fuerte de Baghsar, en Cachemira. A continuación, su cuerpo fue enviado para ser enterrado en Shahdara Bagh, un suburbio de Lahore. Jahangir es ampliamente percibido como un gobernante débil e incapaz. Los académicos lo ven como un hombre que no era apto para ser emperador, y todos coinciden en que habría sido un hombre más feliz si le hubieran dejado ocuparse de las artes y la naturaleza, ya que estas siguieron siendo sus pasiones durante toda su vida. Jahangir tenía la costumbre de retirarse a su vida privada para evitar sus obligaciones como emperador. Aunque deseaba ser mejor que todos sus predecesores, no podía mantener una vida que no le convenía. Para compensar su insatisfacción, se entregó al opio y al vino, lo que solo trajo más pereza y apatía para su imperio.

Shah Jahan (r. 1628-1658)

Shah Jahan, el quinto emperador mogol

https://en.wikipedia.org/wiki/Shah_Jahan#/media/File:'Jujhar_Singh_Bundela_Kneels_in_Submission_to_Shah_Jahan',_painted_by_Bichitr,_c._1630,_Chester_Beatty_Library_(cropped).jpg

Incluso antes de la muerte del emperador Jahangir, su tercer hijo, Shahab-ud-din Muhammad Khurram (mencionado anteriormente como Khurram Mirza), se rebeló. Jahangir se casó con la hija viuda de un noble persa, Nur Jahan, en 1611. Ella se convirtió en una persona muy influyente en la corte, por lo que el joven príncipe estaba resentido con ella. Se casó con la hija de su primer matrimonio con

Shahzada Shahryar, el hermano menor de Khurram, y luego utilizó su influencia para promoverlo como próximo emperador. Enfurecido, Khurram Mirza levantó un ejército en 1622 e inició una rebelión contra su padre, que había caído bajo el hechizo de su intrigante esposa, Nur Jahan.

Sin embargo, en marzo de 1623, el joven príncipe fue derrotado y tuvo que buscar refugio en Mewar, donde el maharajá Karan Singh II lo acogió. Aunque su rebelión no tuvo éxito, y al final tuvo que someterse a su padre, Khurram siguió resentido con su madrastra, y la tensión entre ambos siguió creciendo. Como la herencia del Imperio mogol no estaba regulada por la ley de la primogenitura, los príncipes tenían que ganarse la herencia del trono a través de sus éxitos militares y del poder e influencia que tenían en la corte. Esto significa que las rebeliones y las guerras civiles eran habituales en el imperio.

Aunque Nur Jahan utilizó su influencia para instalar a su propio hermano, Asaf Khan, como visir, una vez que Jahangir murió, sus planes de sucesión no fueron fructíferos. Asaf Khan era partidario de Khurram, y se encargó de confinar a su hermana una vez muerto el emperador. Asaf Khan también manejó con pericia todas las intrigas de la corte para asegurar la ascensión de Khurram Mirza, que tomó el nombre regio de Shah Jahan, "Rey del Mundo". La primera acción del nuevo emperador fue dar muerte a todos los que se oponían a él y poner bajo arresto a su madrastra. Para asegurar su posición como emperador, Shah Jahan ejecutó a su hermanastro Shahryar, a sus sobrinos Dawar y Garshasp y a los hijos de su hermano mayor, Khusrau Mirza, que había sido ejecutado mucho antes. Aunque los hijos del difunto príncipe Daniyal Mirza, que murió por complicaciones del alcoholismo, no se le oponían directamente, Shah Jahan decidió matarlos no obstante para poder gobernar el imperio libre de cualquier amenaza.

Shah Jahan heredó el tesoro real casi vacío de su padre, pero estaba decidido a mostrar su poder y la estabilidad de su imperio mediante fastuosas ceremonias, obras de arte y arquitectura. Construyó un magnífico trono, conocido como el Trono del Pavo Real, que estaba profusamente decorado con diversas gemas y oro. Tardó siete años en reunir todas las piedras preciosas necesarias para el trono. Shah Jahan también invirtió mucho en arquitectura. Aunque muchas estructuras magníficas de la arquitectura mogol se construyeron por orden suya, la más magnífica sigue considerándose el Taj Mahal, situado en la ciudad de Agra. Fue encargado en 1632, y estaba destinado a ser una tumba para su esposa favorita, Mumtaz Mahal. Las historias de su amor siguen llenando las páginas de la literatura india. El Taj Mahal sirve también como su propia tumba, ya que pidió ser enterrado junto a su esposa favorita.

Para financiar todos sus proyectos arquitectónicos, Shah Jahan redujo el salario base de sus mansabdars, aunque fueran de rango superior. Esta decisión conduciría a la inestabilidad política más adelante en su gobierno. Sin embargo, el ejército del Imperio mogol siguió siendo fuerte. Las diversas fuentes de 1648 afirman que el ejército de Shah Jahan estaba formado por 911.400 soldados de infantería, mosqueteros y artillería y por 185.000 sowars, título mogol para las unidades de caballería. Fue Shah Jahan quien introdujo los caballos marwari en el ejército, ya que eran su raza favorita. También encargó la producción en masa de cañones, convirtiendo su imperio en una máquina militar. Para poder abastecer a un ejército tan grande, tuvo que aumentar los impuestos que exigía a sus ciudadanos. Y aunque sus decisiones económicas tuvieron un gran impacto en los últimos años de su gobierno, el Imperio mogol fue en general muy estable.

Shah Jahan continuó la constante expansión del imperio que su padre había iniciado anteriormente. Sus propios hijos dirigieron campañas militares, especialmente hacia el norte y el oeste. El emperador también se anexionó los reinos de Baglana, Mewar y

Bundelkhand. En los territorios de los sultanatos del Decán, Shah Jahan capturó el fuerte de Daulatabad en 1632. Otros sultanatos del Decán le siguieron pronto: Golconda se sometió a Shah Jahan en 1635, y Bijapur lo hizo al año siguiente. Shah Jahan nombró a su hijo, Aurangzeb, como virrey del Decán, y Aurangzeb conquistaría más tarde las rebeldes Baglana, Golconda y Bijapur en 1656 y 1657.

Shah Jahan sabía, por su propia experiencia, que una vez llegado el momento, comenzarían las guerras de sucesión entre sus hijos. Quería prolongar el periodo de paz todo lo que pudiera y posponer el drama sucesorio hasta después de su muerte. Tenía cuatro hijos, y aunque favorecía al mayor, Dara Shikoh, quería proteger a sus otros hijos. Dara se mantuvo cerca de la corte, ya que su padre sentía la necesidad de prepararlo personalmente para el gobierno. Premió al mayor con diversas dignidades y títulos, lo que demostró a los demás que era el heredero aparente. Tanto Dara como la hija favorita del emperador, Jahanara, eran hijos de su primera y favorita esposa, Mumtaz Mahal. Los hermanos estaban muy unidos, y Jahanara apoyó abiertamente a su hermano en las guerras de sucesión.

El resto de los hijos de Shah Jahan fueron enviados por todo el imperio para servir como virreyes y comandantes. Aunque estaban lejos del trono, reunieron la experiencia y el apoyo necesarios para el posterior enfrentamiento con su hermano. Shah Shuja, el segundo mayor, fue nombrado gobernador de Bengala y Orissa en 1638. Bengala era una de las regiones más ricas y poderosas del imperio, y Shah Shuja construyó allí su base. El cuarto hijo de Shah Jahan, Murad Bakhsh, demostró ser inadecuado, ya que a menudo juzgaba mal la situación de las regiones que se le asignaban para gobernar, que eran Multan, Cachemira, Decán, Kabul, Malwa y Guyarat.

El tercer hijo de Shah Jahan, Aurangzeb, fue el más exitoso de los tres hermanos que gobernaron el imperio. Dirigió con éxito las fuerzas del Decán, conquistando toda la meseta. Aunque los éxitos militares de Aurangzeb fueron importantes, recibió mucho menos reconocimiento que sus hermanos. Sin embargo, se ganó la lealtad del ejército mogol más poderoso y aguerrido, que luchó contra las constantes rebeliones de los sultanatos del Decán.

Cuando Shah Jahan cayó enfermo en septiembre de 1657, Dara se proclamó regente de su padre. Aunque el emperador se recuperó con bastante rapidez, los tres hermanos menores ya habían conspirado contra Dara y habían hecho un pacto. Juntos, decidieron atacar a Dara, y en 1658 se produjo la primera batalla. El Shah Shuja atacó primero a Dara, sin esperar a que se unieran las fuerzas de sus hermanos. Dara le derrotó fácilmente, y mientras Shuja huía de vuelta a Bengala, las fuerzas de Murad Bakhsh y Aurangzeb atacaron al ejército imperial de su hermano mayor. Esta vez, Dara perdió y Murad se proclamó emperador. Sin embargo, fue Aurangzeb quien presionó y encarceló a Shah Jahan en Agra. El emperador propuso la paz y prometió que dividiría el imperio entre sus cuatro hijos. Sin embargo, Aurangzeb era demasiado poderoso, y capturó y ejecutó a Murad en 1661. Y como ya había aplastado a Shuja en 1659, que luego fue asesinado mientras huía de las fuerzas de su hermano, solo le quedaba Dara para enfrentarse a él.

Derrotado, Dara solo pudo huir, y buscó refugio en Punjab, Sindh, Guyarat y Rajastán, donde finalmente fue derrotado por Aurangzeb. Dara fue capturado y ejecutado en 1662. Tras derrotar a todos sus hermanos, Aurangzeb mantuvo a su padre Shah Jahan encarcelado en el fuerte de Agra. El viejo emperador no contaba con el apoyo real del ejército ni de los nobles de su corte. En su lugar, fue atendido por su hija favorita Jahanara, que permaneció soltera. Shah Jahan murió en 1666 a la edad de 74 años por causas naturales. Aurangzeb ya tenía el control total del Imperio mogol, y ya no había nadie que pudiera desafiar su derecho al trono.

Aurangzeb (r. 1658-1707)

Aurangzeb

https://upload.wikimedia.org/wikipedia/commons/b/b3/Aurangzeb-portrait.jpg

Muhi-ud-Din Muhammad es más conocido por su apodo Aurangzeb, "Ornamento del Trono", aunque su título regio era Alamgir, "Conquistador del Mundo". Gobernó durante 49 años, durante los cuales expandió su imperio y gobernó casi todo el subcontinente indio. Se le considera el último gobernante efectivo del Imperio mogol y el que estableció la sharia en toda la India. Aunque se le alaba por su genio militar, también se le describe como el gobernante más controvertido de la historia de la India.

Aurangzeb tenía 26 años cuando renunció a la gobernación de la meseta del Decán para dedicarse a una vida de devoción religiosa. Sin embargo, después de solo seis meses, su padre le ordenó reanudar sus funciones. Aurangzeb era extremadamente religioso y, una vez que subió al trono, comenzó a limpiar la corte de los protocolos poco ortodoxos de sus predecesores. Su objetivo era hacer del islam la religión dominante en su imperio, y fue implacable en su empeño.

Hoy en día, muchos académicos le acusan del intento de destrucción de los Budas de Bamiyán cuando intentó utilizar cañones para derribar las estatuas. Consiguió romper las piernas de los Budas antes de que su atención se dirigiera a otra parte. Castigó severamente los templos y escuelas de los brahmanes hindúes, una casta de sacerdotes hindúes, ordenando su demolición en todas las provincias. Aurangzeb también castigó a los musulmanes que no respetaban las leyes islámicas sobre la vestimenta adecuada, y ejecutó a muchos místicos sufíes que se oponían a sus esfuerzos por llevar el Islam a la vanguardia del imperio. El sij Guru Tegh Bahadur fue asesinado públicamente en 1675 por resistirse a la conversión masiva y forzada de hindúes al islam.

Aunque Aurangzeb introdujo la sharia en el Imperio mogol, y a pesar de sus esfuerzos por convertir a los no musulmanes, empleó a más burócratas hindúes que ninguno de sus predecesores. Los académicos creen que fue su exitosa campaña en el Decán en 1656 y 1657 lo que provocó la constante afluencia de marathas (del actual Maharashtra) al Imperio mogol. Uno de los nobles rajput era incluso conocido por la destrucción de mezquitas para construir templos hindúes, y a pesar de saberlo, Aurangzeb siguió trabajando con él durante las dos décadas siguientes. Solo la muerte de este rajput terminó con su buena relación.

Como el padre de Aurangzeb llevaba una vida muy pródiga, lo que hizo que Aurangzeb heredara un tesoro real casi vacío, Aurangzeb impuso una jizya en 1679. Se trataba de un impuesto militar para los ciudadanos no musulmanes que no luchaban por el Imperio mogol. Sin embargo, las mujeres, los niños, los ancianos, los discapacitados, los enfermos, los enfermos mentales, los monjes, los ermitaños y los esclavos estaban exentos de este nuevo impuesto. Además, los no musulmanes que solo eran residentes temporales (principalmente los comerciantes) del imperio no tenían que pagar el impuesto. Sin embargo, los comerciantes hindúes debían pagar sus impuestos a una tasa más alta que los musulmanes. Además, todos los hindúes fueron destituidos de sus cargos en la administración de los ingresos. Existen historiadores contemporáneos que afirman que la jizya no era más que un impuesto sobre el papel que se imponía a la población del Imperio mogol.

Aurangzeb gobernó principalmente desde la ciudad de Shahjahanabad (Vieja Delhi) hasta 1679, cuando se marchó. No volvió a ver esta ciudad, ni tampoco regresó a los territorios del Indostán. Hasta el final de su gobierno, Aurangzeb se movía entre los campamentos militares o residía en las capitales provisionales de ciertas regiones para ocuparse personalmente de las crisis que surgían. A veces, incluso dirigía él mismo las batallas.

El emperador mogol intentó inmiscuirse en las disputas sucesorias de Rajastán cuando se llevó al único hijo superviviente del fallecido maharajá Jaswant Singh Rathore de Marwar. Convirtió al niño al islam y lo llamó Muhammadi Raj. También eligió un nuevo líder para Marwar, un impopular sobrino de Jaswant Singh. La población se opuso a la injerencia de Aurangzeb y el clan de Rathore se rebeló. Marwar se anexionó a causa de esta rebelión, que Aurangzeb supervisó personalmente. La vecina Mewar tuvo que reaccionar rápidamente si no quería tener el mismo destino que Marwar, y el clan Sisodia de Mewar decidió unirse a la rebelión.

Aurangzeb nombró a su cuarto hijo, Muhammad Akbar, como comandante de los ejércitos mogoles que lucharon contra los rebeldes. Sin embargo, en 1681, Akbar cambió de bando y se unió a los marwares, proclamándose nuevo emperador. Akbar estuvo a punto de encarcelar a su padre, pero sus propios aliados de Rathore fueron persuadidos para que lo traicionaran. Aurangzeb derrotó a su hijo, pero en lugar de pedir perdón, Akbar se refugió en el sur, en la corte del líder maratha, el maharajá Sambhaji. Furioso, Aurangzeb encarceló a su hija favorita, Zeb-un-Nissa, acusándola de conspirar con Akbar. Tras pasar veinte años en prisión, Zeb-un-Nissa murió, pero se debate el año de su muerte entre 1701 o 1702. Una vez muerto el rana Sisodia de Mewar, su sucesor renunció a luchar contra

Aurangzeb y cedió sus territorios. Sin embargo, Marwar siguió luchando contra el Imperio mogol, utilizando estrategias de guerra de guerrillas, y los combates continuaron hasta la muerte de Aurangzeb en 1707.

Akbar siguió desafiando a su padre, incluso después de que se reconciliaran cuando Aurangzeb le ofreció el perdón por la rebelión. Akbar lanzó incursiones fallidas en el Indostán y se burló de su padre, recordando a menudo a Aurangzeb el hecho de que su propio hijo le había derrocado. También le instó a renunciar al trono e ir a hacer el Hajj, una peregrinación islámica a La Meca. Akbar tuvo que huir una vez más de la ira de su padre y se refugió en la corte de la dinastía safávida, al igual que habían hecho sus antepasados Babur y Humayun. Sin embargo, a diferencia de sus antepasados, Akbar no regresó al Indostán como conquistador. Por el contrario, murió en el exilio en 1706 y no vivió lo suficiente como para suceder a su padre.

Aurangzeb envió a su segundo hijo, Muhammad Mu'azzam, a capturar Hyderabad, en el rico sultanato de Golconda, lo que consiguió en 1685. Sin embargo, el sultán se retiró al inexpugnable fuerte de Golconda, y Mu'azzam no fue capaz de derrotarlo. Convencido de que su hijo le había traicionado, Aurangzeb tomó el mando directo de las fuerzas, y tardó ocho meses en derribar la fortaleza. Mu'azzam, su esposa y sus hijos fueron encarcelados por traición en 1687, y no fueron liberados hasta 1695. Cuando cayó Golconda, el sultanato fue anexionado y Aurangzeb se quedó con su rico tesoro. Los musulmanes de la corte de Golconda fueron recibidos en el servicio militar mogol, y se les dio un mansab de 1.000 o más, dependiendo de su nivel de prestigio anterior.

Durante sus setenta y ochenta años, Aurangzeb luchó por controlar su imperio. Los mogoles habían expandido sus territorios hasta el punto de que los costes del imperio superaban los beneficios para sus súbditos. El emperador simplemente no tenía la administración, la tecnología o la mano de obra adecuadas para gobernar un imperio tan vasto. En lugar de seguir expandiendo el

Imperio mogol, Aurangzeb se vio obligado a satisfacer a su ejército asaltando los reinos circundantes. De vez en cuando hacían que esos reinos pagaran un tributo anual, pero Aurangzeb era consciente de que no podía permitirse anexionarlos y que sus territorios se unieran al ya hinchado Imperio mogol.

Aurangzeb sabía que no podía gobernar para siempre, pero estaba disgustado con todos sus hijos y no consideraba a ninguno de ellos digno de su trono. Siguió manteniéndolos ligados a él mediante asignaciones monetarias, enviándolos a menudo a gobernar las tierras que menos ingresos le reportaran. Cuando Aurangzeb envejeció y el momento de decidir la sucesión era evidente, ninguno de sus hijos era lo suficientemente fuerte como para tomar el imperio bajo su propio gobierno. Dado que Aurangzeb había gobernado durante tanto tiempo —tenía 88 años cuando murió—, sus hijos ya eran mayores, ya que Mu'azzam tenía 63 años y Azam, el tercer hijo menor de Aurangzeb, 54 años. Así que los dos príncipes se vieron obligados a esperar hasta la muerte de su padre para poder hacer sus movimientos y luchar por el trono.

Aurangzeb no vio otra forma de preservar su imperio que dividirlo entre sus hijos. En su testamento, dedicó las provincias de Agra, Ajmer, Aurangabad, Berar, Bidar, Guyarat, Khandesh y Malwa a un hijo, mientras que el otro obtendría Delhi junto con las provincias de Allahabad, Oudh (Awadh), Bengala, Bihar, Kabul, Cachemira, Multan, Orissa, Punjab y Thatta. Su único hijo superviviente, que también era el más joven, era hijo de una concubina de baja cuna. Ya tenía Golconda y Bijapur bajo su mando, y Aurangzeb pidió a Azam y Mu'azzam que respetaran a su hermano menor, Muhammad Kam Bakhsh. Sin embargo, los acontecimientos que siguieron no pudieron ser controlados por los hijos de Aurangzeb ni por ninguno de los emperadores posteriores del Imperio mogol. Muchos consideran que el año 1707, en el que murió Aurangzeb, fue el último del Imperio mogol porque, después de esta fecha, gobernaron una serie de emperadores débiles. Sin embargo, la dinastía continuó, y los caudillos y los gobernantes regionales contemporáneos reconocieron su importancia, aunque nominalmente.

Capítulo 6 - El declive y la fragmentación del Imperio (1707-1857)

Al declarar en su testamento que el imperio debía dividirse, Aurangzeb trató de evitar a sus hijos las guerras de sucesión que debía ganar cuando le llegara la hora de gobernar. Sin embargo, los tres príncipes, Mu'azzam, Azam y Kam Bakhsh, se declararon emperadores de todo el Imperio mogol. Aunque los hermanos querían matarse entre sí en la lucha por el poder, ninguno de ellos tenía el control de una gran fuerza militar. Esto se debió a que Aurangzeb redujo el salario de los mansabdars, lo que hizo que los comandantes protegieran sus propios intereses. Esto no significa que no reconocieran la legitimidad de los príncipes, y evitaban la desobediencia directa, pero siempre que era posible, evitaban luchar contra otros comandantes poderosos.

Fue Mu'azzam quien llegó primero a Shahjahanabad y Agra, y al tomar los tesoros reales allí, se proclamó emperador Bahadur Shah I (r. 1707-1712). Pronto se enfrentó a Azam, que marchó con su ejército desde la meseta del Decán hasta Shahjahanabad, pero Azam murió durante la batalla. El tercer hijo, Kam Bakhsh, se fortificó en

Golconda, pero en 1709, Bahadur Shah lanzó un ataque y lo mató, asegurando así su trono.

Después de cada lucha por la sucesión, el nuevo gobernante necesitaba dinero, y Bahadur Shah no fue una excepción. Para conseguir más riqueza, extrajo más ingresos que sus predecesores. Los territorios que controlaban sus hermanos se repartieron entre sus mansabdars más leales como recompensa. Los rajputs de Rajastán y los sijs del Punjab aprovecharon la oportunidad de la lucha por el poder para levantar sus propias rebeliones, y Bahadur Shah pasó la mayor parte de sus años de gobierno en campañas para sofocarlas. Sin embargo, el emperador carecía del vínculo que sus predecesores tenían con sus mansabdars y súbditos, y sus cuatro años de gobierno fueron solo el principio de la caída del imperio.

Bahadur Shah murió de enfermedad, probablemente debido al agrandamiento de su bazo, el 27 de febrero de 1712, y comenzó una nueva guerra de sucesión. Sus cuatro hijos se autoproclamaron nuevos emperadores, al igual que Bahadur Shah y sus hermanos. En su desesperación por ganarse la lealtad de los mansabdars, gastaron enormes cantidades de dinero en sobornar a las personas adecuadas y en sus ejércitos personales. Al principio, los tres hermanos conspiraron para repartirse el imperio entre ellos una vez que mataron al cuarto, Azim-ush-Shan, que era más poderoso que los demás, ya que había acumulado mucha riqueza como gobernador de Bengala. Sin embargo, una vez que mataron a Azim-ush-Shan, los tres hermanos se volvieron unos contra otros. Finalmente, tras los conflictos sanguinarios y el fratricidio, el mayor, Muhammad Mu'izz-ud-Din, más conocido por su título regio de Jahandar Shah, salió victorioso en 1713. Sin embargo, al cabo de unos meses, el hijo del difunto Azim-ush-Shan, Muhammad Farrukhsiyar, bajó con sus fuerzas el Ganges desde Bengala y atacó a su tío. Cerca de Agra, derrotó al ejército imperial y se hizo con el trono. Durante su gobierno, que duró de 1713 a 1719, luchó por mantener unido el vasto imperio.

Los Salatinos (1713-1859)

En 1713, Jahandar Shah creó los salatinos, los barrios bajos del Fuerte Rojo. El término se utilizó también para designar a todos los príncipes mogoles que vivían, junto con sus familias, en el Fuerte Rojo, situado en la ciudad de Delhi. El emperador Jahandar Shah los convirtió a todos en prisioneros del Fuerte Rojo, confinándolos en barriadas, y promulgó una ley que no permitía a los príncipes y a los miembros de sus familias salir del fuerte. Aunque vivían la vergonzosa vida de los prisioneros, los habitantes del Imperio mogol seguían creyendo que tenían un estatus privilegiado.

Como cada emperador tenía un gran harén, el número de familiares encarcelados creció con el tiempo. El número registrado de salatinos en 1836 era de 795, pero en 1848 la cifra había aumentado a 2.104. Todos ellos vivían en el Fuerte Rojo y eran vigilados por eunucos, que los encerraban en sus habitaciones durante la noche. Había intentos de escapes, pero a pesar de ello se les trataba como criminales. Algunos príncipes lograron escapar y tuvieron que buscar refugio en los reinos vecinos, donde a menudo eran tratados como invitados reales. Sin embargo, los que permanecieron en los salatinos vivían en una pobreza perpetua. Sin embargo, los emperadores les concedían pequeñas asignaciones que les permitían seguir dependiendo de su buena voluntad. Sin embargo, no era suficiente dinero para mantener a toda la familia con vida. En cambio, los salatinos solían acudir a los prestamistas en busca de ayuda.

A menudo, los emperadores agotaban sus riquezas y ni siquiera podían pagar la pequeña asignación de una a cinco rupias diarias a sus parientes encarcelados. La cuantía de la asignación dependía de la cercanía del pariente al emperador gobernante. Los salatinos protestaban con fuertes llantos y lamentos dentro de su casa, lo que volvía al emperador gobernante lo suficientemente loco como para pedir préstamos a prestamistas solo para poder pagar a sus familiares. Un ingeniero del ejército británico, llamado Mayor Alexander Cunningham, visitó el Fuerte Rojo y describió cómo vivían los salatinos. Contó que se había levantado un alto muro alrededor de las barriadas para mantener el mundo de los salatinos muy privado. Vivían en chozas de estera con solo unos pocos objetos en sus posesiones privadas. Todos estaban hambrientos y semidesnudos. Entre ellos había personas mayores, algunas incluso de ochenta años, y bebés. A veces, les daban unas cuantas mantas para que se mantuvieran calientes durante los meses de frío, lo que era visto como un acto de caridad por parte del emperador.

En un momento dado, la Compañía de las Indias Orientales intentó resolver el problema de los salatinos, pero finalmente fracasó. Propusieron abrir una escuela dentro de los muros del Fuerte Rojo, en la que educarían a los príncipes mogoles y les darían la oportunidad de encontrar un empleo trabajando para la Compañía. Sin embargo, no podían garantizar un empleo para todos, ya que eran muchos. Aquellos que no recibieran empleo solo crearían problemas adicionales para la Compañía, por lo que abandonaron el plan. Los salatinos debían permanecer encarcelados y casi olvidados.

Cuando el último emperador del Imperio mogol murió en 1862, los salatinos fueron finalmente libres de abandonar el Fuerte Rojo. Familias enteras vagaron de un lugar a otro, sin poder asentarse en el vasto mundo que les era completamente desconocido. Tardaron en desaparecer finalmente entre la multitud, olvidando quiénes eran. De vez en cuando, alguna familia afirmaba ser descendiente de los salatinos, pero ya nadie se interesaba por ellos. El mundo había cambiado, y la familia real mogol no significaba nada para el pueblo.

Durante su declive, el emperador mantuvo la autoridad nominal del Imperio mogol; sin embargo, el poder militar y político efectivo estaba en manos de destacados cortesanos, comandantes y gobernadores. Farrukhsiyar subió al trono con la ayuda de los gobernadores de Allahabad y Bihar. En realidad eran hermanos, Sayyid Abdullah Khan y Sayyid Husain Ali Khan Barha, y ambos eran excelentes tácticos militares. Sin embargo, Farrukhsiyar no tenía riquezas para recompensar a los hermanos que apoyaron su entronización, y como no tenía ejército privado, no podía enfrentarse a los hermanos Sayyid. Estos suponían un grave problema, ya que amenazaban con entronizar a otro miembro de la familia real cuando Farrukhsiyar se mostrara demasiado exigente con sus ingresos. Farrukhsiyar planeó rebajar la influencia de los hermanos Sayyid favoreciendo a otros mansabdars, la mayoría de las veces Nizam-ul-Mulk, el líder de la familia Turani que gobernaba los territorios de la meseta del Decán.

Aunque Farrukhsiyar buscó el apoyo de los rajputs y otros comandantes hindúes, algunos de ellos se rebelaron contra él. Raja Ajit Singh Rathore expulsó a los oficiales mogoles de Marwar y Ajmer. Contó con la ayuda de los rajputs de Mewar y Amber, quienes también se rebelaron. Una vez más, el emperador necesitó la ayuda de los hermanos Sayyid para sofocar las rebeliones en el Decán y, tras conseguirlo, se casó con la hija de Ajit Singh en 1715. Sin embargo, siguió el ejemplo de su predecesor musulmán ortodoxo Aurangzeb, y convirtió a su nueva esposa al Islam. Una vez que enviudó, se sometió a la ceremonia de purificación y volvió al hinduismo, convirtiéndose en un ávido opositor de la cultura mogol.

Los hermanos Sayyid siguieron apoyando a Farrukhsiyar, pero en realidad, ellos eran los verdaderos gobernantes. El emperador no era más que una figura decorativa, aunque intentaba continuamente recuperar el poder político. Como no tenía poder para dirigir los acontecimientos posteriores, decidió pasar la mayor parte de su tiempo cazando, escribiendo poesía y maquinando para liberarse de los demasiado poderosos Sayyid, así como de la influencia de sus poderosos enemigos. Se cuenta que el emperador trató de envenenar a algunos de los mansabdars más poderosos y que también nombraba a dos hombres para el mismo cargo con la esperanza de que se mataran mutuamente.

Finalmente, los hermanos Sayyid se hartaron de los esfuerzos del emperador por deshacerse de ellos y, en 1719, decidieron derrocarlo y colocar en el trono a un emperador más complaciente. Ya tenían la reputación de ser los hacedores de reyes debido a sus esfuerzos anteriores por ayudar a Farrukhsiyar. El 28 de febrero, sacaron al emperador de su harén y lo cegaron. Al principio, creyeron que bastaba con encarcelar a Farrukhsiyar, pero cambiaron de opinión y el emperador fue asesinado el 19 de abril. En su lugar, los hermanos Sayyid nombraron a Rafi ud-Darajat, el décimo emperador mogol.

Los hermanos Sayyid destruyeron el concepto de un gobierno individual en el Imperio mogol, y sus acciones serían imitadas por otras familias poderosas de la corte mogol. En total, la corte mogola vería siete deposiciones en los siguientes cuarenta años. Los Sayyid se hicieron con demasiado poder y se crearon enemigos que se unirían contra ellos. Aunque ambos fueron asesinados en los tiempos que siguieron, crearon la pauta de la creación de reyes que seguiría ocurriendo bajo la supervisión de varios poderosos comandantes del Imperio mogol. Algunos académicos incluso los nombraron regentes del imperio, aunque tal título nunca se les concedió oficialmente. Todos los emperadores mogoles que gobernaron después de Farrukhsiyar no fueron más que marionetas de sus cortesanos, y todos ellos fueron elegidos de los barrios bajos de los salatinos.

En las décadas que siguieron al asesinato de Farrukhsiyar, los emperadores salatinos temieron constantemente por sus vidas. Los reyes fueron implacables al utilizar a estos pobres príncipes mogoles, entronizándolos y disponiendo de ellos a su antojo. Algunos de ellos fueron asesinados, mientras que otros fueron devueltos a los barrios bajos de los que procedían, agradecidos por haberles perdonado la vida. La mayoría de ellos gobernaron solo unos meses, pero hubo uno que lo hizo durante casi treinta años, Muhammad Shah, aunque también fue uno de los emperadores mogoles más débiles. Ninguno de los príncipes salatinos tenía conocimientos administrativos ni experiencia militar para gobernar el imperio, lo que los convirtió en gobernantes perfectos para las poderosas familias del imperio que finalmente los controlarían.

Muhammad Shah (r. 1719-1748)

Muhammad Shah

https://en.wikipedia.org/wiki/Muhammad_Shah#/media/ File:Mu%E1%B8%A5ammad_Sh%C3%A1h_on_horseback.jpg

Nacido como Nasir-ud-Din Muhammad Shah, fue encarcelado junto a su madre por su tío, Jahandar Shah. Solo tenía doce años cuando tuvo lugar la guerra de sucesión entre sus tíos y su padre, y aunque estuvo confinado en los barrios bajos de los salatinos, su madre se ocupó de su educación y le dio lo mejor que pudo. Tal vez esta fue la razón por la que los hermanos Sayyid lo eligieron como emperador en 1719. Después de deshacerse de Farrukhsiyar, se eligieron varios príncipes salatinos, pero solo reinaron durante unos meses antes de que Muhammad Shah ascendiera al trono.

Muhammad Shah fue entronizado en el Fuerte Rojo el 29 de septiembre de 1719 y, al igual que sus predecesores, los hermanos Sayyid lo mantuvieron bajo estricta supervisión. Aunque era libre de abandonar por fin los salatinos y vivir la rica vida del emperador, Muhammad Shah no era libre de tomar una sola decisión por sí mismo. El primer desafío a su trono se produjo al año siguiente, en 1720, cuando el enemigo político de los hermanos Sayyid, Nizam-ul-Mulk, más tarde conocido como Asaf Jah I una vez que estableció el estado de Hyderabad y su propia dinastía, eligió a Muhammad Ibrahim como nuevo emperador mogol. Sin embargo, tanto Asaf Jah como Ibrahim fueron rápidamente derrotados por los cada vez más numerosos partidarios de Muhammad Shah.

Aunque era muy joven, Muhammad Shah conocía la política de los hermanos Sayyid y se esforzó por deshacerse de su influencia. Tras la derrota de Muhammad Ibrahim, el emperador mogol hizo un trato con Asaf Jah I, y Sayyid Husain Ali Khan fue asesinado en octubre de 1720 como consecuencia de ese trato. Muhammad Shah tomó ahora el control total del ejército mogol, y envió a Asaf Jah a tomar el mando de las provincias mogoles en el Decán. Otro noble, Muhammad Amin Khan Turani, recibió un mansab de 8.000, y fue enviado a enfrentarse al Gran Visir Sayyid Abdullah Khan. En la batalla de Hasanpur, el 15 de noviembre de 1720, el segundo hermano de Sayyid fue derrotado y capturado. El emperador mogol decidiría ejecutarlo dos años después.

Muhammad Shah se vio finalmente libre de la influencia de los hermanos Sayyid; sin embargo, carecía de conocimientos para dirigir su imperio. Se nombró a Asaf Jah como gran visir, pero cuando Muhammad Shah mostró un gran desinterés e incapacidad para ocuparse de la administración del imperio, Asaf Jah abandonó la corte disgustado. En lugar de aprovechar la oportunidad de gobernar el Imperio mogol desde la sombra o deshaciéndose directamente de

Muhammad Shah, Asaf Jah decidió tomar los territorios del Decán y fundó su estado de Hyderabad en 1724.

Aunque Muhammad Shah se había hecho con el control de su imperio al deshacerse del control impuesto por los hermanos Sayyid, seguía siendo considerado un gobernante débil. Durante su reinado, se produjo gran parte de la desestabilización del Imperio mogol. En gran parte, el propio emperador contribuyó al problema debido a su falta de conocimientos y sabiduría para dirigir el Estado. La fragmentación del imperio, que comenzó con la creación del Estado de Hyderabad, no se detendría. Aunque el declive del imperio ya se podía sentir, seguía siendo fuerte al menos en un aspecto: la cultura. Muhammad Shah era un gran mecenas de las artes, e incluso era famoso por sus escritos, que realizaba bajo el seudónimo de Sada Rangila, "Siempre Alegre".

Fue durante su gobierno cuando el urdu sustituyó a la escritura persa, ya que Muhammad Shah la proclamó lengua de su corte. Fue un gran mecenas de la música, especialmente del Qawwali islámico sufí, una música devocional sufí que ganó popularidad y se extendió por todo el imperio y el resto del sudeste asiático. Muhammad Shah también abrió escuelas, ya que valoraba la educación, pero también tradujo el Corán en persa simple y urdu, poniéndolo así a disposición de las masas. El Corán se enseñaba entonces en las escuelas elementales que Muhammad Shah abrió, conocidas como *maktabs*. Muhammad Shah gastó sus riquezas contratando a artistas famosos, desde pintores hasta músicos. Las artes se enseñaban en la corte, y esto preparó el camino para el desarrollo de la música clásica india. De hecho, el emperador mogol gastó más dinero invirtiendo en arte que en la administración del Estado, lo que solo contribuyó a la posterior fragmentación del gobierno.

Las posteriores guerras mogoles-marathas, que duraron entre 1728 y 1763, consistieron en incursiones desde Malwa que devastaron continuamente el norte del mal administrado Imperio mogol. Estos conflictos enseñaron a Muhammad Shah la importancia de la administración del imperio. Consiguió deshacerse de los malos consejeros que se habían multiplicado a su alrededor tras la marcha de Asaf Jah, y se vio obligado a adoptar las habilidades de estadista. Sin embargo, la fragmentación de su vasto imperio ya había comenzado, y no pudo hacer casi nada para detenerla. En la región del Punjab, los sijs causaron estragos con constantes ataques de guerrilla contra los funcionarios mogoles que administraban estos territorios. En Ajmer, una ciudad de Rajastán, los marathas se hicieron con un amplio territorio y reclamaron su independencia del Imperio mogol. Además, el Decán sufría constantes ataques, lo que provocó la destrucción de los fuertes mogoles y no hizo más que acelerar el proceso de decadencia del imperio. Los marathas llegaron incluso a Delhi y la asaltaron en 1737. Al firmar un tratado de paz en Delhi a principios de 1738, Muhammad Shah cedió Malwa a los marathas como una de sus condiciones.

En 1739, el Imperio mogol estaba lo suficientemente debilitado como para convertirse en un objetivo atractivo para los oportunistas extranjeros. Nader Shah de Persia, atraído por la riqueza y la debilidad del Imperio mogol, lanzó un ataque y capturó Kabul, Ghazni, Lahore y Sindh. Ese mismo año, en la batalla de Karnal, las fuerzas de Muhammad Shah fueron derrotadas por los persas en solo tres horas. La derrota fue un duro golpe para el Imperio mogol, ya que le abrió el camino a Delhi, que el ejército de Nader Shah saqueó, privándolo de todas sus riquezas. La batalla de Karnal fue solo el comienzo de las invasiones extranjeras, que seguirían debilitando al Imperio mogol y conducirían a su desaparición definitiva.

La primera victoria del Imperio mogol se produjo en 1748, cuando lucharon contra los invasores afganos bajo el liderazgo de Ahmad Shah Durrani. Las fuerzas mogoles estaban dirigidas por el heredero aparente de Muhammad Shah, Ahmad Shah Bahadur, y comandaba 75.000 hombres. Los afganos, que solo contaban con 12.000 hombres, fueron derrotados con facilidad en la batalla de

Manupur, y el Imperio mogol celebró durante días la tan ansiada victoria.

Sin embargo, la victoria en la batalla de Manupur se pagó con un alto precio. Muchos murieron, y el ejército del imperio, aunque victorioso, quedó devastado. Al principio, el número de muertos se mantuvo en secreto, pero una vez que Muhammad Shah supo la verdad, se encerró en sus aposentos durante tres días. El emperador estaba tan conmocionado que no podía hablar. Se pasó los días llorando a gritos, llorando a su ejército. El 16 de abril de 1748, Muhammad Shah fue encontrado muerto en sus habitaciones, y consta que murió de pena.

Capítulo 7 - Las últimas generaciones de los mogoles (1748-1857)

Ahmad Shah Bahadur era el hijo del anterior emperador mogol, Muhammad Shah, y fue testigo de la descentralización del imperio de su padre, de los conflictos con los maratha y de la invasión del gobernante persa Nader Shah. A pesar de que Ahmad Shah era el heredero aparente, fue constantemente menospreciado por su padre, que ni siquiera le dio educación, entrenamiento militar o una asignación digna de un príncipe. En el momento de su sucesión, Ahmad Shah Bahadur no sabía leer ni escribir y frecuentaba el harén. Durante su gobierno, el imperio fue gestionado por su madre, Qudsia Begum, que confió los asuntos de Estado al eunuco jefe de la corte.

Una vez que Ahmad Shah fue coronado, el 18 de abril de 1748, en la Corte Roja, se vio libre del acoso de su padre y pudo entregarse a su pasión por las mujeres sin que nadie se lo impidiera. Su amor por el harén no resultó más que una molestia para su madre, que recibió un mansab de 50.000. Bajo su influencia, Ahmad Shah nombró a Safdar Jang como gran visir, ya que era el único administrador capaz, lo que demostró gobernando Oudh y Cachemira. Qudsia Begum también influyó en el ascenso de Javed Khan al título oficial de Nawab Bahadur, o jefe de los eunucos. Javed Khan había empezado como eunuco del harén y acabó ascendiendo al puesto de eunuco jefe de la casa real. Se especula que, debido a su juventud, su robusta personalidad y su atractivo, Qudsia Begum lo tomó como amante y lo hizo ascender hasta convertirse en el regente del Imperio mogol. Al igual que los hermanos Sayyid tomaron el control de los numerosos emperadores mogoles, también lo hicieron la madre de Ahmad Shah y Javed Khan.

Bajo el gobierno de Ahmad Shah Bahadur continuó la fragmentación del Imperio mogol. Las constantes luchas internas por el poder entre su regente Javed Khan y su oposición, liderada por el Gran Visir Safdar Jang, crearon el terreno fértil para una mayor expansión de la Confederación Maratha que, en 1752, impuso un protectorado unilateral sobre la corte mogol en Delhi. Enfadado, Ahmad y su corte tuvieron que tomar represalias y, en 1754, lanzó un ataque. La batalla principal se libró en Sikandarabad, que los mogoles perdieron, y su casa imperial fue humillada. El emperador mogol huyó del campo de batalla, dejando que su madre, sus esposas y 8.000 mujeres fueran capturadas por Feroze Jung III, más conocido como Imad-ul-Mulk, un comandante militar mogol que había desertado y se había unido a los marathas. Luego, Imad-ul-Mulk se dirigió a Delhi, donde mató a Javed Khan, encarceló y dejó ciego al emperador Ahmad Shah Bahadur. Se proclamó gran visir del Imperio mogol y decidió liberar al príncipe Aziz-ud-Din de los barrios bajos de los salatinos y derrocar a Ahmad. Se desconoce el destino de Qudsia Begum, pero a Ahmad Shah se le permitió vivir hasta su muerte natural en 1775. Arrojado a los salatinos, era demasiado pobre y desgraciado para vivir más allá de los 49 años.

Aziz-ud-Din es más conocido por su nombre regio de Alamgir II. Fue el segundo hijo de Jahandar Shah y gobernó los restos del Imperio mogol desde 1754 hasta 1759. En el momento de su sucesión, Alamgir era ya un hombre mayor, pues tenía casi 55 años, y no tenía experiencia administrativa ni militar. Fue otro perfecto emperador títere de los demasiado poderosos cortesanos mogoles y sus familias. Imad-ul-Mulk conspiró con la Confederación Maratha, que se hacía más fuerte cada año que pasaba. Durante el reinado de Alamgir II y el Gran Visir Imad-ul-Mulk, los marathas se encontraban en el punto álgido de su expansión, que se produjo a costa de un Imperio mogol ya debilitado.

Para escapar de la influencia de Imad-ul-Mulk, Alamgir II se alió en 1755 con el Imperio durrani (los actuales territorios de Afganistán y Pakistán) y con su líder, Ahmad Shah Durrani, que se encontraba entonces en Lahore. El shah Durrani y sus fuerzas marcharon a Delhi para deshacerse de Imad-ul-Mulk y sus aliados marathas. Al llegar, la familia real de Alamgir II se reunió con los líderes durraníes, y para reforzar el pacto contra el gran visir mogol, el hijo de Ahmad, Timur Shah Durrani, se comprometió con la hija de Alamgir, Zuhra Begum. Ahmad se retiró a Kabul, dejando sus fuerzas a cargo de su hijo.

Sin embargo, los marathas rechazaron la alianza entre el emperador mogol y el Imperio durrani, y en 1757 iniciaron el asedio de Delhi. Acamparon a treinta kilómetros (casi 19 millas) del Fuerte Rojo y ocuparon las aldeas de los alrededores, que abastecían al ejército maratha. Los mogoles solo contaban con 2.500 soldados de guarnición en el interior de Delhi, pero al colocar artillería pesada en las murallas, pudieron resistir los ataques durante los cinco meses siguientes. Sin embargo, la ayuda de los Durrani nunca llegó, ya que Ahmad Shah Durrani estaba demasiado ocupado luchando contra la resistencia en su propio imperio. Después de que los marathas consiguieran cortar el suministro de alimentos a la ciudad de Delhi, su comandante, Naib-ul-Daula, tuvo finalmente que rendirse y proclamar su derrota.

Cuando los marathas entraron en la ciudad, esperaban capturar al emperador y a su familia real, pero, de alguna manera, Alamgir consiguió escapar y fue recibido como refugiado real en el reino hindú de Bharatpur. Con la ayuda de Suraj Mal, el gobernante de

Bharatpur, Alamgir II regresó a Delhi con su familia real. Imad-ul-Mulk conspiró para asesinar a Alamgir II y a toda su familia, pero la noticia de sus planes llegó al príncipe y heredero, Ali Gohar, que logró escapar. Sin embargo, no salvó a su padre; no se sabe si fue por decisión propia. Alamgir II fue asesinado a finales de noviembre de 1759, e Imad-ul-Mulk tuvo libertad para elegir al nuevo emperador que se convertiría en su marioneta. Para ese papel, eligió a Shah Jahan III, que gobernó solo un año antes de ser depuesto por los marathas.

El siguiente y decimosexto emperador de los mogoles fue Ali Gohar, más conocido como Shah Alam II, que gobernó desde 1760 hasta 1788. Como se ha mencionado anteriormente, era hijo de Alamgir II y consiguió escapar de Delhi cuando el complot para asesinar a su padre se hizo evidente para él. Fue elegido emperador del Imperio mogol por Ahmad Shah Durrani, quien le ayudó a derrotar a Imad-ul-Mulk y a sus aliados marathas. Sin embargo, el Imperio mogol se redujo a Delhi y a las pequeñas zonas circundantes a la ciudad. Los persas tenían un dicho: "Sultanat-e Shah Alam, Az Dilli ta Palam", que significa "El imperio de Shah Alam va de Delhi a Palam". Palam sigue siendo un suburbio de Delhi hasta el día de hoy.

Sin embargo, Shah Alam no permitió que su imperio se redujera a una sola ciudad. Inmediatamente después de suceder en el trono, intentó restaurar su autoridad sobre Bihar y Bengala. Ordenó la sumisión del gobernador de Bengala, que no era más que una figura títere de la Compañía británica de las Indias Orientales. La Compañía no iba a ceder sus intereses a un emperador mogol débil, y como poseía un ejército británico privado, se resistió a los avances de Alam. El shah Alam invadió Bihar en tres ocasiones, pero su ejército de 30.000 soldados no fue rival para los ricos comandantes británicos, que estaban decididos a quedarse.

Los mogoles ya estaban acostumbrados a los europeos, pues habían luchado con o contra los portugueses, que llegaron a estas tierras como comerciantes. Los franceses siguieron a los portugueses, ya que la demanda de productos indios crecía en toda Europa. Los británicos fueron los últimos en llegar; sin embargo, sus tácticas eran significativamente diferentes a las de sus predecesores europeos. La Compañía británica de las Indias Orientales nunca ocultó que quería involucrarse en la política del subcontinente indio. No es que los franceses y los portugueses no se involucraran, pero siempre llegaron con el comercio como motivo principal de su presencia en estas regiones.

Durante gran parte de los siglos XVI y XVII, el comercio fue de hecho el principal objetivo de la Compañía de las Indias Orientales. Sin embargo, con la decadencia del Imperio mogol, su objetivo pasó a ser la posesión de su territorio. Bengala pasó a estar bajo el dominio británico durante las guerras carnáticas, que duraron de 1746 a 1763. Cuando los comandantes británicos derrotaron a los nawabs de Bengala en la batalla de Buxar en 1764, la Compañía tenía el control total del territorio de Bengala y todos los derechos para recaudar sus ingresos. La Compañía de las Indias Orientales se convirtió así en una gran potencia política en el subcontinente indio. Tenía el control directo de los territorios que gobernaba o lo tenía a través de gobernantes y gobernadores títeres que estaban bajo la constante presión militar de los británicos.

El ejército de la Compañía no estaba compuesto por soldados británicos reales en su mayor parte. De hecho, contrataron a soldados de infantería indios, que fueron entrenados en el estilo de guerra europeo. Se les llamaba sepoys. Los sepoys estaban siempre bajo el mando de europeos, que traían consigo artillería tecnológicamente avanzada, lo que les permitió triunfar fácilmente sobre el ejército mogol, mucho más numeroso.

Una vez que el shah Alam II se sometió a la Compañía de las Indias Orientales en 1763, los británicos tuvieron aún más legitimidad para el dominio del subcontinente indio. Sin embargo, el shah Alam no estaba contento con la situación; aunque era un gobernante débil, se esforzaba constantemente por alcanzar la grandeza de sus predecesores. En 1764, había escapado de los británicos y unió sus fuerzas a las de Shuja-ud-Daulah, el nawab de Oudh, que previamente le había ayudado a atacar Bengala y Bihar. Intentaron invadir estos territorios una vez más, y las pérdidas que sufrieron en la batalla de Buxar en 1764 y en la de Kora en 1765 fueron devastadoras. El shah Alam se vio de nuevo obligado a aceptar a la Compañía como su superior, pero consiguió negociar un acuerdo. La Compañía devolvió la provincia de Allahabad al emperador mogol y le prometió un tributo anual de 2.600.000 rupias (hoy, esta suma sería de unos cuarenta millones de libras esterlinas). A cambio, Shah Alam permitió a la Compañía de las Indias Orientales elegir el gobernador de Bengala y Bihar. También nombró a la Compañía como su diwan en estos territorios. Diwan era un título utilizado para diversos cargos de los estados, y para la Compañía suponía un poder legal para recaudar ingresos en Bengala y Bihar, pero el Tribunal de Directores de la Compañía de las Indias Orientales tardaría otros seis o siete años en aceptar oficialmente el título.

Shah Alam no estaba realmente satisfecho con el trato que había hecho con la Compañía de las Indias Orientales en el Tratado de Allahabad, y envió una misión a Inglaterra, suplicando al rey Jorge III que le instalara de nuevo en el trono del Indostán. Prometió que el nombre del rey británico sería celebrado en todo el subcontinente indio y que estaría en deuda personal con el gobernante británico si lo entronizaba oficialmente en su antigua capital de Shahjahanabad (Vieja Delhi). Sin embargo, las complejas negociaciones entre la Compañía de las Indias Orientales y el Parlamento británico frustraron la misión mogol, y el embajador al que se le encomendó nunca fue presentado al rey. El embajador mogol, I'tisam-ud-Din, regresó al Indostán en 1769 y, además de su informe al emperador, escribió el primer libro indio sobre Gran Bretaña, el relato de viajes *Shigurf-nama-i-Wilayat*, "Libro de las maravillas de Inglaterra".

En 1770, la Compañía de las Indias Orientales solo pagó el 18% del tributo anual prometido a Shah Alam II, y en 1772, el 23%. Sin embargo, el emperador mogol no tuvo otra opción que permanecer bajo la protección británica. La razón podría deberse a su propia debilidad e incapacidad para reclamar lo que le correspondía por derecho, o podría deberse al hecho de que incluso una cantidad de dinero tan baja seguía siendo un ingreso mucho mayor para el emperador que lo que recibía décadas antes. Además, aparte de algunos problemas menores con el protocolo de recepción, los funcionarios británicos trataron al emperador mogol con mucho más respeto que sus anteriores regentes, los hermanos Sayyid, Imad-ul-Mulk y Ahmad Shah Durrani.

Sin embargo, Shah Alam II siguió soñando con restaurar su imperio. Suplicó a la Compañía de las Indias Orientales que le ayudara a recuperar Shahjahanabad, donde permanecían gran parte de su corte y su casa, pero se negaron. El emperador mogol buscó entonces ayuda en otros lugares. En 1771, entregó cuatro millones de rupias a los marathas para que le ayudaran a hacerse con el control de su anterior capital. Además, prometió los ingresos de Allahabad y de algunas otras ciudades imperiales. Sin embargo, aunque la campaña militar se puso en marcha, no se consiguió nada. Shah Alam luchó durante las tres décadas siguientes para devolver la gloria perdida al Imperio mogol, pero el escenario político del norte de la India cambiaba constantemente debido a la influencia extranjera. La Compañía británica de las Indias Orientales tenía su propia guerra con los franceses y no podía preocuparse por el emperador mogol. Por ello, los caudillos y los poderes regionales cambiaban constantemente, y el emperador perdía el poco control de la administración de su imperio que tenía en sus manos.

En 1788, uno de los caudillos, Ghulam Qadir, obligó al shah Alam II a nombrarle gran visir. Tenía fama de loco, ya que buscaba constantemente las riquezas mogoles, que estimaba en unos 250 millones de rupias. Asaltó los palacios mogoles situados en todo el imperio en busca de estas riquezas, y enfadado por no poder encontrar nada, cegó al emperador. Ghulam Qadir fue brutal con el ya anciano Shah Alam, así como con su familia. Cualquiera que intentara ayudar al sangrante emperador era decapitado. También consta que Ghulam Qadir tiraba a menudo de la barba del emperador para torturarlo. Hizo que todas las princesas mogoles bailaran desnudas delante de él, tras lo cual todas saltaron al río Yamuna para ahogarse.

Con Ghulam Qadir como gran visir, el honor y el prestigio del Imperio mogol estaban en su punto más bajo. Finalmente, el 2 de octubre de 1788, Mahadaji Shinde, el gobernante maratha de Gwalior, mató a Ghulam Qadir, tomando Delhi bajo su protección. Restituyó al Shah Alam II en el trono, que ahora estaba bajo la protección directa de la Confederación Maratha. Los marathas gobernaron el norte de la India durante los quince años siguientes, con una guarnición que ocupaba permanentemente Delhi. Fue su conflicto con la Compañía británica de las Indias Orientales en 1803 lo que derrocó su supremacía en el Imperio mogol.

Como resultado del conflicto, la Compañía de las Indias Orientales conquistó Shahjahanabad y sus regiones circundantes en 1803, pero siguió reconociendo a Shah Alam II como soberano del Imperio mogol. Sin embargo, al emperador se le prohibió participar en la política de su imperio y, a cambio, se le concedió una moderada suma de dinero como pensión. Shah Alam murió en 1806 y su hijo Akbar II (r. 1806-1837) sucedió en el trono mogol. También él fue confinado en la corte de Shahjahanabad y no tenía poder para influir en los acontecimientos políticos de su imperio. Fue otro emperador títere controlado por la Compañía de las Indias Orientales.

Aun así, el nombre de los emperadores timúridas era respetado por todos los indios, y la corte mogol seguía siendo un destino atractivo para muchos, ya fueran musulmanes, hindúes o británicos. Aunque no tenía poder político, Akbar II consiguió preservar la vida cultural de Delhi, y el arte fue lo único que siguió floreciendo durante el gobierno de los tres últimos emperadores mogoles. Al igual que su predecesor, Akbar II era un poeta, e invirtió mucho en la cultura de su desmoronado imperio. En reconocimiento a su soberanía, la Compañía de las Indias Orientales emitió monedas con escritura persa y su nombre. Sin embargo, nunca fue más que un prisionero de la Compañía. En 1835, incluso le quitaron el título de emperador y lo nombraron "Rey de Delhi". Fue entonces cuando la Compañía dejó de emitir las monedas con su nombre e hizo que todas las escrituras de las monedas fueran solo en inglés.

Sin embargo, la Compañía no estaba dispuesta a proclamarse gobernantes nominales de los territorios del norte de la India. En su lugar, alentaron al Nawab de Oudh y al Nizam de Hyderabad a tomar los títulos reales y ser sus gobernantes títeres. Esto disminuiría aún más la influencia que Akbar II seguía teniendo como emperador de los mogoles.

Cuando Akbar II murió en 1837, la Compañía entronizó a su hijo mayor, Bahadur Shah II, como su gobernante títere. En ese momento ya tenía 62 años y se contentó con mantenerse al margen de la vida política del imperio. En 1850, los británicos decidieron que Bahadur Shah sería el último emperador de los mogoles. Su plan era dar el título de príncipe al heredero de Bahadur y obligar a la familia real a retirarse a un retiro rural que se había construido especialmente para ellos. Sin embargo, en 1857 se produjo un levantamiento masivo en la India y Bahadur Shah, a pesar de tener 82 años, se encontró en medio de los acontecimientos políticos del momento.

En mayo de 1857, insatisfechos por el dominio cristiano británico, los cipayos, gobernantes y terratenientes indios, tanto musulmanes como hindúes, se rebelaron. Los antiguos pueblos del norte de la India estaban resentidos por el estilo de vida intrusivo de los recién llegados británicos, que imponían nuevas reformas sociales, impuestos y un duro trato a los nativos. Querían restaurar el antiguo Imperio mogol, y la fuerza principal del ejército rebelde se concentró en torno a Bahadur Shah II, a quien los rebeldes proclamaron emperador. Los rebeldes consiguieron expulsar a los británicos de Shahjahanabad y de gran parte del norte de la India. Sin embargo, tras cuatro meses de sangrientos combates, el ejército británico y los indios que aún les obedecían consiguieron reconquistar la ciudad principal y encarcelar al último emperador mogol. Tras matar a todos sus hijos, los oficiales británicos juzgaron al viejo emperador por traición a la Compañía de las Indias Orientales.

Se perdonó la vida al emperador Bahadur Shah II, pero él y toda su familia fueron exiliados a Birmania, donde murió en 1862. El gobierno británico de Shahjahanabad destruyó muchos de los monumentos culturales mogoles, ya que los oficiales militares necesitaban que se despejara la zona del Fuerte Rojo para que la artillería de las murallas tuviera una visión clara. La Compañía también profanó muchos de los lugares de oración musulmanes e hindúes al celebrar en ellos servicios cristianos. Una de las famosas mezquitas de la ciudad, la mezquita de Jami, fue totalmente destruida.

Capítulo 8 - La memoria del Imperio mogol

El pueblo común

El mundo del Imperio mogol era un mundo de dualidad. Mientras el reducido número de nobles de élite vivía su vida preocupado por las guerras y las intrigas de la corte, el pueblo común del subcontinente indio trabajaba para mantenerse a sí mismo y a la élite. El emperador, su familia y los nobles eran ricos y disfrutaban de una vida llena de arte, música y literatura, pero el pueblo común de la India era analfabeto, estaba agotado y a menudo pasaba hambre. Aunque la vida en la corte de los nobles mogoles parecía inalcanzable, era muy real. Sin embargo, la mayor realidad era la vida estéril de los plebeyos.

La vida de un indio medio en el Imperio mogol avanzaba poco respecto a las condiciones en que vivían sus predecesores mil o más años antes. Las casas de los plebeyos solían ser casuchas de una sola habitación, con el suelo de tierra batida cubierta de estiércol de vaca. Las paredes eran de barro y el techo de paja. Eran lo suficientemente altas como para que un hombre pudiera entrar doblado por la cintura. No tenían ventanas ni puertas, solo una pequeña abertura que servía de entrada y salida. Normalmente, el plebeyo compartía esta casucha con toda su familia y su ganado, si lo tenía.

A muchos viajeros europeos les sorprendió la dualidad del mundo indio. Mientras los emperadores y los nobles construían grandes palacios y templos de diversos tipos de piedras y ladrillos, la gente común vivía en pequeñas y decrépitas chozas construidas con barro y madera. No necesitaban más, ya que, a diferencia de los emperadores y los nobles, el pueblo común pasaba sus días trabajando en el campo, con su ganado o fabricando productos. Las mujeres cocinaban fuera y los niños jugaban fuera. El interior de las chozas era más bien una protección contra el clima, la noche y las fieras, y nada más. Los europeos solían comparar estas chozas con las celdas de las cárceles de Europa. Sin embargo, en la India eran la realidad de la vida cotidiana.

Se debe señalar que la India tuvo una clase media durante el Imperio mogol. Aunque su número era bajo y apenas se notaba entre las masas de plebeyos pobres, la clase media existía y tenía una mejor calidad de vida. Mientras los plebeyos dormían en el suelo, a menudo embarrado, la clase media lo hacía en hamacas improvisadas. Debido al calor constante de la India, rara vez utilizaban mantas. Sus casas, aunque eran más grandes y mejores, no tenían mesas ni sillas; todos se sentaban en el suelo. Nadie podía permitirse manteles ni siquiera platos, y tanto los plebeyos como la clase media utilizaban hojas de higuera para comer. Las mismas hojas se utilizaban como sábanas u otra ropa de cama. Incluso el líquido podía mantenerse en las hojas, que se unían de forma tan magistral que no había fugas. Las ollas y otros utensilios de cocina eran en su mayoría de barro, y solo unos pocos de la clase media podían permitirse una taza de cobre para beber.

Lo que más chocaba a los europeos cristianos era la forma de vestir de los indios, tanto musulmanes como hindúes. Los plebeyos más pobres, tanto hombres como mujeres, solo llevaban un trozo de tela atado a la cintura, lo suficientemente grande como para cubrir sus partes íntimas. A veces, las mujeres se cubrían la cabeza si les sobraba tela de la cintura. Dado que los europeos y el fundador del Imperio mogol, Babur, describían la vestimenta india del mismo modo, parece que nada cambió en más de dos siglos. A los jesuitas les chocaba especialmente que los indios consideraran normal rezar a sus dioses semidesnudos. Solo los soldados llevaban algo más de ropa, además de un paño atado a la cabeza. Los jornaleros, los plebeyos y algunos soldados tenían un trozo de tela extra que les servía de prenda durante el día y de ropa de cama durante la noche. De este modo, estaban preparados para dormir allí donde se encontraran. Por lo general, eran las personas de clase media las que podían permitirse llevar una camisa corta; a veces, incluso era de seda. Sin embargo, nadie, salvo los nobles, podía permitirse zapatos.

En las regiones de la India conocidas por sus climas más fríos, la gente llevaba más ropa. En Cachemira, era habitual que tanto los hombres como las mujeres llevaran túnicas de lana, y en las regiones de Benarés se describe a la gente con dhotis y bufandas de seda. La forma de vestir de la gente estaba muy determinada por la región en la que vivían y su clima. Lo que la gente común ahorraba en ropa, lo gastaba en adornos y joyas. Los viajeros europeos que pasaron por el Imperio mogol describen que las familias preferían morir de hambre a no tener adornos que mostrar. Los hombres también utilizaban sus cabellos como un tipo de adorno, especialmente los hindúes, que los llevaban largos y los ataban a un lado de la cabeza. Los musulmanes, especialmente los chiíes, se afeitaban la cabeza. También preferían la barba, mientras que los hindúes solían llevar solo bigote.

Al igual que sus chozas y su ropa, la alimentación de los plebeyos era muy pobre. En el Imperio mogol, la mayoría de los hindúes no eran vegetarianos, pero casi nadie podía permitirse comer carne. Normalmente, sus comidas eran a base de cereales, a menudo con verduras añadidas, y mezcladas con arroz. Los hindúes hacían una gran comida al día, normalmente a mediodía. El plato era a base de arroz, y los habitantes de la costa solían tomar también un trozo de pescado seco. La carne de cabra, pollo u oveja se reservaba para los nobles, y los plebeyos la comían solo durante las festividades. Los europeos describen la carne de vaca como la más barata de la India, pero ningún hindú la comería, ya que la vaca era su animal sagrado. Sin embargo, a los musulmanes se les permitía comer carne de vacuno, aunque la consideraban inferior. Los emperadores Akbar y Jahangir prohibieron el sacrificio de vacas y, durante sus reinados, la carne de vacuno no estaba al alcance de nadie. Además, el pavo real era un ave sagrada, y el marisco era considerado impuro tanto por los musulmanes como por los hindúes. La carne de cerdo era un tabú para los musulmanes, pero los hindúes la comían si se la podían permitir. Sin embargo, normalmente se servía a los nobles hindúes. Sin embargo, la caza no estaba prohibida para el pueblo común, y si podían cazar un animal salvaje, lo comían. El trigo era demasiado caro para los plebeyos, así que no hacían pan con él. Sus principales fuentes de proteínas y otros nutrientes eran las legumbres, los mijos y el arroz.

Aunque las vacas eran sagradas para los hindúes, eso no significa que no fueran útiles. Seguían proporcionando leche, y la gente utilizaba la leche cruda en su comida o hacía mantequilla y ghee con ella. Sin embargo, la leche no era el único producto de las vacas que se tomaba. En la India mogol, se consideraba sagrado beber la orina de una vaca. La gente recogía la orina con las manos y tomaba un sorbo, luego se lavaba la cara con el resto. De este modo, se proclamaban limpios y santos.

Aunque tanto los ciudadanos musulmanes como los hindúes del Imperio mogol tenían sus propios tabúes y, por lo general, no se entregaban a los vicios, ambas sociedades eran muy abiertas en lo que respecta al sexo. Los viajeros europeos se sorprendían al saber que los indios no se molestaban en ocultar cuando consumaban sus matrimonios. Los hombres de clase alta tenían básicamente el derecho de tomar a la mujer que quisieran, aunque estuviera casada con otro. Las mujeres musulmanas se mantenían puras, pero también se entregaban en secreto a relaciones románticas fuera de su matrimonio. A los hombres musulmanes, en cambio, se les permitía casi todo. A menudo utilizaban a niños de siete u ocho años, y entre los nobles, la homosexualidad era normal. Los hindúes consideraban que la homosexualidad era tan mala como comer carne de vacuno, y era inaudita en su sociedad, si bien el incesto se producía, aunque muy raramente, e incluso entonces se castigaba.

La prostitución, por otra parte, era algo muy común en la India, aunque cada emperador tenía su propia opinión al respecto. Aunque Akbar estableció un campamento para las prostitutas y ordenó que se registrara a todos sus clientes, el emperador Shah Jahan las permitía en todas partes e incluso era un invitado frecuente de los burdeles. Las hijras, los hermafroditas por los que la India es conocida aún hoy, eran muy comunes durante el periodo mogol, y los jesuitas rogaban a los emperadores mogoles que las prohibieran, por lo que a menudo se reían de ellos.

Los harenes y la posición de las mujeres

En árabe, harén significa espacio sagrado y prohibido. Era una práctica común incluir un harén en las cortes del Imperio mogol, y era allí donde vivían las mujeres de la casa. Su mundo era esencialmente hermético y privado, pero los harenes no eran exclusivos de los palacios imperiales. Los hogares de nobles y funcionarios estatales notables, tanto musulmanes como hindúes, tenían sus propios harenes. Tradicionalmente, en la India, las mujeres no se recluían ni se cubrían con velo hasta que los rajputs adoptaron esta práctica imitando a sus superiores musulmanes. Incluso entonces, el purdah, la práctica de velar a las mujeres para ocultarlas de la vista de los extraños, no se imponía a las mujeres; era más bien un símbolo de estatus para las familias ricas. En algunas zonas del Imperio mogol, ni siquiera las mujeres musulmanas se cubrían con el velo, por ejemplo, en los sultanatos del Decán. En los territorios de Kerala, las mujeres no solo eran libres de hacer lo que quisieran, sino que tenían un inmenso poder, al igual que los hombres.

Entre los pobres, no había reclusión para las mujeres. Como la vida era tan básica, no se podía permitir la división entre hombres y mujeres. Las mujeres plebeyas hindúes y musulmanas tenían que trabajar y ganarse la vida, y el clima caluroso de la India impedía que los hombres y mujeres trabajadores llevaran más ropa de la necesaria para cubrir sus partes íntimas. Sin embargo, la clase dirigente estaba dividida en dos mundos separados, uno de hombres y otro de mujeres. Las mujeres de las familias ricas y poderosas solían recluirse en sus apartamentos y mansiones. Se las vigilaba celosamente y se las quemaba vivas cuando moría el hombre de la casa, aunque esta práctica estaba ligada principalmente a la cultura hindú.

Para la clase dirigente, las mujeres eran una propiedad, aunque muy valiosa. Para una mujer de la nobleza, conocida como begum, esa vida era deseada por encima de todo, ya que eran tratadas bien y a menudo con respeto. Aunque eran propiedad, las mujeres observaban su reclusión como un privilegio, no como un castigo. En raras ocasiones se les permitía salir de los palacios y mansiones, aunque las mujeres nobles de la cultura musulmana debían llevar un burka, una prenda holgada que les cubría todo el cuerpo, incluso la cabeza. Si viajaban para acompañar a sus hombres, las mujeres eran llevadas en literas cubiertas, y no se permitía que nadie pusiera los ojos en ellas. Los emperadores nunca permitían que se construyera un edificio cerca del harén para que no se pudiera ver el lugar sagrado. De hecho, los celos de los mogoles llegaban a tal punto que los maridos no permitían que sus suegros o cuñados hablaran con sus hijas y hermanas si no estaban presentes.

Si una begum se dejaba ver en público, significaba el divorcio o la muerte. El divorcio no era mejor, ya que significaba casi con seguridad la muerte, pues su propia familia la denunciaría. Incluso si se revelaba accidentalmente, la muerte era la única salida honorable para ella. Sin embargo, mirar a las mujeres de la realeza no era el único tabú en el mundo del Imperio mogol. Decir el nombre de una mujer de la realeza también se consideraba prohibido. Para el mundo exterior, estas mujeres no tenían nombre, y las mujeres lo consideraban el mayor honor. Aun así, las begums existían y, para referirse a ellas, la gente tenía que inventar bellos epítetos que sustituyeran sus verdaderos nombres.

Se presume erróneamente que el harén imperial de los emperadores mogoles solo estaba reservado a sus esposas y concubinas. En realidad, el harén era un lugar donde vivían todas las mujeres de la casa, entre las que se encontraban reinas, madres, hermanas y parientes más cercanos o lejanos. El harén tenía sus guardias, administradores, cocineros y sirvientes, y el emperador designaba a su begum favorita como jefa del harén. Aparte de la fastuosa vida que le proporcionaba el palacio, cada begum recibía su salario, y en el mundo mogol, la cantidad de dinero que recibían variaba en función de su posición y valor para el emperador. Podía oscilar entre 3 y 1.600 rupias al mes. Algunas mujeres recibían más dinero que un soldado mogol. Con su dinero, las begums podían construir tumbas, templos y otros monumentos para gloria del imperio. Algunas mujeres eran grandes mecenas del arte, mientras que otras apreciaban la educación.

Otra creencia errónea es que los emperadores mogoles tenían miles de mujeres en sus harenes que estaban allí solo para su satisfacción. Aunque los harenes eran inmensos y muchas mujeres vivían allí, los emperadores eran simplemente personas con las mismas necesidades que cualquier otro hombre. No podían malgastar sus días en el harén y solían tener una sola esposa favorita a la que acudían con frecuencia. El harén era un símbolo de poder en el Imperio mogol, y por eso eran tan grandes. La poligamia tampoco era solo una excusa para el placer. El emperador podía tener varias esposas por razones políticas o como favor a sus mejores oficiales. Los matrimonios reales se imponían a menudo mediante tratados de paz o alianzas. La poligamia también se producía para asegurar muchos hijos y, sobre todo, para producir un heredero al trono mogol. En ese periodo de la historia, especialmente en el Indostán, los hijos fallecían a menudo debido a enfermedades que no tenían cura, o morían en una de las muchas guerras.

Los emperadores pasaban la mayor parte de sus días dentro del harén, pero es un error creer que era por placer. De hecho, las oficinas del emperador estaban en el harén, y muchas mujeres que vivían allí tenían sus propios cargos, que a veces eran incluso equivalentes a los del mundo exterior. Las mujeres del harén eran educadas, y eran las que hacían el trabajo administrativo del imperio. En el harén es donde los emperadores realizaban su trabajo más confidencial, y a menudo contaban con la ayuda de las mujeres. Las mujeres del harén solían participar en los asuntos del gobierno, sobre todo si se trataba de un asunto familiar. A las begums se les permitía asistir a las reuniones, aunque detrás de muros, cortinas o biombos, para que conocieran los asuntos del Estado. Estas mujeres solían utilizar su ingenio y astucia para gestionar el imperio junto a los emperadores. Y, a menudo, utilizaban su influencia para dirigir la política como ellas querían. No había mejor lugar para persuadir al emperador que en los confinados apartamentos del harén.

La rica vida de una begum proporcionaba a las mujeres de la realeza todo lo que querían y más. Sin embargo, estaban muy privadas de vida, o al menos así lo verían los lectores modernos. Las princesas mogoles no se casaban, ya que el emperador Akbar proclamaba que ningún hombre era digno de una mujer mogol. Encerradas en su jaula de oro, las mujeres de la realeza mogola no tenían familia. Básicamente, se las arrebataba a sus padres y se las encerraba, para no volver a ver a sus hermanos y hermanas. Solo las esposas privilegiadas tenían hijos, e incluso esos hijos eran a menudo llevados para ser criados en otras partes del imperio. Todos los lujos que disfrutaban no podían compensar la soledad que debían sentir. Para llenar sus días, muchas mujeres se dedicaban a las artes y los oficios, como el bordado, la costura, la pintura y la escritura. La música y el baile también estaban permitidos en el harén, pero algunos emperadores lo desaprobaban, ya que la cultura musulmana estaba en contra.

Las begums eran el poder silencioso e invisible que dirigía la política desde detrás del trono. Las mujeres de la realeza ejercían un gran poder y, como tal, influían en los eventos. No es de extrañar que vieran su lugar en el harén como algo prestigioso y no como un castigo o una forma de esclavitud. Los musulmanes impedían que las mujeres desempeñaran un papel público, pero desde el harén, una mujer podía tener tanto poder como el propio emperador. Sin embargo, al estar alejadas del ojo público, muchas de las grandes mujeres del Imperio mogol siguen siendo desconocidas para la historia. Aunque algunas fueron tan excepcionales que sus nombres se registraron y recordaron, la mayoría se ha perdido en la historia. La más notable de las reinas mogoles es sin duda Nur Jahan, la esposa del emperador Jahangir. Incluso fue reconocida como la verdadera fuerza detrás del trono mientras su marido se entregaba al opio. Es la primera y única reina del Imperio mogol que tiene monedas emitidas en su propio nombre.

Cultura

Ilustración del artista mogol del siglo XVII Ustad Mansur
https://upload.wikimedia.org/wikipedia/commons/thumb/d/d3/Mansur-8.png/800px-Mansur-8.png

La cultura floreció durante los siglos XVI y XVII, cuando los mogoles estaban en la cima de su poder en el norte de la India. Como mecenas de muchas artes, no es de extrañar que el periodo mogol sea uno de los más fructíferos en lo que a cultura se refiere. No solo la cultura musulmana disfrutó del mecenazgo de los emperadores mogoles, sino también la hindú. Es durante este periodo cuando la poesía hindú, y la literatura en general, alcanzaron su máximo esplendor.

Aunque las culturas musulmana e hindú coexistieron en el Imperio mogol durante mucho tiempo, se influyeron mutuamente muy poco. Cualquier influencia que se produjera era solo superficial. Esto se debió a la grave segregación social entre los musulmanes gobernantes y los hindúes sometidos. Aunque los musulmanes consideraban que la cultura hindú era menos importante y no merecía su atención, los hindúes no permitían que el estilo de vida musulmán influyera en su sociedad conservadora. Por el contrario, moldearon su cultura en torno al islam, teniendo cuidado de no mezclar ambas.

En general, los mogoles procedían de un entorno cultural muy abundante y disfrutaban de los logros intelectuales y artísticos de su pueblo. Al fin y al cabo, procedían de Asia Central, un territorio conocido por mezclar las culturas de tres de las grandes civilizaciones de la época clásica, India, China y Grecia. Al crecer con estas tradiciones, los propios emperadores mogoles eran polifacéticos. Algunos de ellos son incluso conocidos por sus grandes logros culturales. Babur, el fundador del Imperio mogol, era un autor, compositor y calígrafo consumado. Humayun era un amante de las ciencias naturales y un gran matemático, astrónomo, poeta e inventor. Akbar era un filósofo con una serie de habilidades diferentes, que incluían la poesía, la arquitectura y la música. Aurangzeb fue el único emperador mogol que no apreciaba la cultura y no tenía habilidades propias. Pero, como para compensar la incapacidad de su padre en el campo de las artes, su hija, Zeb-un-Nissa, fue una ávida mecenas de todo tipo de artes y educación.

El reinado del emperador Akbar fue la época más apasionante para la cultura, principalmente en el campo de la ciencia. Akbar y sus súbditos tenían la costumbre de mirar hacia el futuro del imperio, y por ello eran objeto de burla por parte de los tradicionalistas que encontraban consuelo en el pasado. Pero fue durante su reinado cuando la ciencia prosperó, ya que se valoraba sobre todo a las personas con ideas. Las ciencias naturales y la medicina eran campos muy populares, y el propio emperador estaba muy interesado en los descubrimientos europeos en estas disciplinas. Aunque Akbar invirtió en llevar las tecnologías europeas al imperio, principalmente al ejército mogol, el pueblo de la India no se interesaba en general por nada europeo. Así, el emperador no pudo inculcar a su pueblo los valores de las ciencias y los oficios europeos. Lo mejor que podía hacer su pueblo era imitar los productos extranjeros, lo que daba lugar a artículos de baja calidad. Los indios nunca mostraron mucho interés en aprender la tecnología europea y aplicar esos conocimientos para hacer avanzar su propia cultura.

Como mecenas de las artes, los emperadores esperaban que los artistas les complacieran. Por eso a los artistas mogoles les resultaba muy difícil expresarse o desarrollar nuevas técnicas. Lo único que podían hacer era lo que querían sus amos y empleadores. No podían arriesgarse a desagradar a los nobles, ya que pondrían en peligro no solo su bienestar, sino también su vida. Un emperador enfadado siempre podía ordenar la ejecución de un artista. Lo mismo ocurría con los practicantes de la medicina. Si no eran capaces de curar a un oficial prominente o incluso al emperador, se enfrentaban a la prohibición de su práctica o incluso a la ejecución.

La literatura era muy valorada en el Imperio mogol, y nunca fue realmente censurada. Incluso cuando retrataba mal a un noble o a un gobernante, los autores nunca eran castigados. La sátira en la literatura se observaba como un comentario sobre los acontecimientos y las personas, y a menudo se tomaba como tal. Sin embargo, ni los autores musulmanes ni los hindúes se burlaban abiertamente de los gobernantes. Los libros y las escrituras eran tratados como tesoros, y siempre que se conquistaba una ciudad, las bibliotecas eran tratadas con el máximo respeto. Aunque se quemaban ciudades enteras como muestra de poder, los emperadores mogoles las saqueaban primero, y los libros formaban parte de ese botín, embalados de forma segura para su transporte a la biblioteca real. Incluso las mujeres prominentes del harén tenían sus propias bibliotecas, y las damas, como Jahanara y Zeb-un-Nissa, tenían algunas de las bibliotecas más ricas del Imperio mogol.

La poesía era tan popular que los nobles solían intercambiar cartas escritas en verso. Cuando se retaba a otro a un duelo, uno lo escribía en verso, y la respuesta también era en forma de poesía. Aunque el emperador Akbar era analfabeto o disléxico, mantenía una biblioteca que contenía más de 24.000 volúmenes. Empleaba a personas para que le leyeran, y no solo cartas y documentos oficiales, sino también libros y poesía.

Sin embargo, los logros artísticos más destacados del Imperio mogol residían en su arquitectura, aunque los mogoles no contribuyeron mucho a la originalidad de la misma, sino a su refinamiento. Sus edificios se inspiraron en la cultura persa. Ni siquiera fueron los primeros en introducir el estilo persa en la arquitectura de la India, ya que el sultanato de Delhi lo hizo antes que los mogoles. Sin embargo, lo especial de la arquitectura mogol es su grado de refinamiento. Incluso hoy, los edificios y monumentos mogoles pertenecen a otra clase por sí mismos.

El paisajismo y la jardinería eran otras de las pasiones de los emperadores mogoles, y aunque el principio de los parques y jardines públicos era conocido en la India antes de los mogoles, fueron ellos quienes lo perfeccionaron ampliamente. Los jardines eran un gran amor de los mogoles, y allí donde decidían detenerse, normalmente durante semanas o meses, había que erigir un jardín. Los mogoles también introdujeron en el mundo indio nuevas especies de plantas y animales, primero desde su Asia Central natal y más tarde desde Europa y América. Los jardines eran lugares de relajación y contemplación, un delicioso trozo de cielo en la despiadada y calurosa tierra. Los jardines mogoles eran cuadrados o rectangulares en su base y se dividían en tabiques, siempre utilizando líneas rectas, nunca curvas. Creaban una retícula, como en una red de pasillos, y entre ellos, se ajardinaban. El agua se dirigía a menudo a través del jardín, y refrescaba el agradable aire, ya de por sí rico en oxígeno y en aromas exóticos de diversas plantas.

Los nobles vivían en edificios amplios y abiertos, y apreciaban las vistas abiertas, por lo que no se plantaban grandes árboles fuera de los palacios y mansiones. Mientras que la arquitectura hindú reflejaba el estilo de vida conservador y oculto de sus gentes, los edificios mogoles eran enormes, alegres y reflejaban la vida aventurera de los centroasiáticos. Estaban ricamente decorados con pinturas y tallas de piedra. A los mogoles les encantaban los arcos y las ventanas enrejadas, que siempre estaban abiertas, lo que permitía que la luz del día y la brisa nocturna jugaran en los vastos pasillos y habitaciones. A diferencia de las estructuras mogoles, los hindúes construían habitaciones pequeñas, oscuras y sin aire, en las que se sentían confinados con seguridad.

Akbar fue el primer emperador que se atrevió a combinar los estilos arquitectónicos persa e indio. Construyó muchos edificios, de los cuales los más famosos fueron el Fuerte de Agra y el elegante puente pabellón que cruza el río Gomati, cerca de la ciudad de Jaunpur. Akbar solía elegir piedra arenisca roja para sus edificios, y el mármol se utilizaba solo como decoración, nunca como material de construcción. Los ornamentos de los edificios de Akbar solían ser tallas de piedra en bajo relieve y pinturas sobre superficies enlucidas. Solo con el reinado de Shah Jahan las incrustaciones de gemas se convirtieron en el sello de la arquitectura mogol. Además de los fuertes y palacios, los emperadores construyeron mezquitas y tumbas, tan ricas como cualquier otro edificio mogol. Los jardines formaban parte de todas las estructuras mogoles, ya fueran mansiones, palacios, mezquitas o incluso tumbas. De hecho, las tumbas de la familia real mogol eran a menudo las piezas centrales de un vasto jardín.

Sin duda, la tumba más famosa, y un elemento básico de la arquitectura mogol, es el Taj Mahal, que se construyó como lugar de descanso para Mumtaz Mahal, la esposa favorita del emperador Shah Jahan. Sin embargo, el Taj Mahal, aunque hermoso, no aportó nada nuevo a la mampostería mogol. La inspiración para la tumba más famosa se basó en logros constructivos mogoles anteriores, concretamente en las tumbas de Timur, el progenitor de la dinastía, y en la tumba de Humayun con sus jardines.

El Taj Mahal en Agra, India

https://en.wikipedia.org/wiki/Mughal_Empire#/media/ File:Taj_Mahal_(Editado).jpeg

El Taj Mahal es un complejo de edificios en un hermoso jardín. La tumba es solo la parte central de este complejo, y está construida completamente en mármol blanco. Otros edificios son mausoleos para las otras esposas de Shah Jahan, una mezquita y un edificio que puede haber servido de casa de huéspedes. El jardín tiene su puerta principal, un monumento construido en mármol y vastos senderos con un lago en el centro. La tumba de Mumtaz Mahal y del propio Shah Jahan es un edificio simétrico con una base cuadrada y una puerta en forma de arco. Está coronada por una gran cúpula blanca y tiene cuatro minaretes que sirven de marco a la tumba.

Tanto la decoración externa como la interna del Taj Mahal son los mejores ejemplos del arte mogol. La tumba está ricamente decorada con pinturas, tallas en piedra y caligrafía. Los elementos que aparecen en ellas son en su mayoría flora o formas abstractas, ya que el Islam prohíbe las formas antropomórficas. El conjunto está inscrito con pasajes del Corán, que sirven tanto de decoración como de lección. El interior de la tumba va mucho más allá de los elementos decorativos tradicionales, ya que se utilizaron piedras preciosas y semipreciosas para crear obras maestras. La cúpula interior está decorada con el motivo del sol pintado y tiene aberturas especiales para que entre la luz.

Muchos mitos envuelven la construcción del Taj Mahal. La historia de que las tumbas gemelas del Taj Mahal se construyeron con piedra negra se remonta a los viajeros europeos del siglo XVII. Algunos cuentan que todos los que participaron en la construcción del Taj Mahal tuvieron que firmar un contrato en el que se comprometían a no trabajar en un diseño similar en el futuro. Otros cuentan que el shah Jahan castigó y mutiló a los trabajadores y artesanos que le disgustaron. Incluso existe la teoría de que el Taj Mahal fue diseñado por un arquitecto italiano o francés, y otros afirman que fue el rey Parmar Dev de la India central quien lo construyó originalmente en 1196. Sin embargo, todas estas afirmaciones son fácilmente refutables, ya que existen pruebas escritas contemporáneas de su construcción.

Algunas personas creen que el Taj Mahal debería ser inscrito como nueva Maravilla del Mundo, y hay varias peticiones en marcha para que la tumba sea reconocida como tal por los funcionarios del Estado. En 1983, el Taj Mahal fue designado Patrimonio de la

Humanidad por la UNESCO, y es una verdadera joya del antiguo Imperio mogol. Más de 20.000 artesanos trabajaron bajo la supervisión del arquitecto imperial, Ustad Ahmad Lahori, y juntos construyeron un monumento único dedicado al amor.

Conclusión

Es como si Aurangzeb, el último gobernante fuerte del Imperio mogol, viera el final. Escribió cartas a sus hijos pocos días antes de su muerte, y en ellas afirmaba que no había esperanza para el futuro. Aunque el imperio tardó mucho más tiempo en disolverse definitivamente, tras la muerte de Aurangzeb, los poderosos cortesanos tomaron a sus descendientes bajo su control, creando los emperadores títeres cuya única función era sentarse en el trono y pasar sus días invirtiendo en arte y entretenimiento.

Sin embargo, es asombroso pensar en cómo la dinastía mogol inspiraba asombro y admiración en el pueblo de la India. Incluso cuando su tiempo se agotó, y su poder era casi inexistente, nadie se atrevió a tomar el imperio en su propio nombre. Siempre tenía que haber un mogol en el trono. Comenzaron como recién llegados no deseados, extranjeros que conquistaron una tierra lejana. Sin embargo, se convirtieron en una presencia siempre necesaria, sin cuyo nombre la tierra se desmoronaría.

Ni siquiera los europeos se atrevieron a destronar oficialmente al emperador mogol. Tuvieron que crear una narrativa diferente para los diversos pueblos de la India con el fin de persuadirlos de que abandonaran sus tradiciones. Finalmente, la Compañía británica de las Indias Orientales se hizo cargo y destituyó al débil y viejo emperador mogol, que no hacía nada notable salvo disfrutar de la poesía y la música. Como un criminal, fue arrestado, rápidamente juzgado y luego exiliado. El imperio dejó de existir.

Sin embargo, la palabra mogol sigue teniendo un prestigio vacío. Se sigue asociando a las culturas ricas y exóticas de un pasado lejano. Y no es el recuerdo de los mogoles lo que nos persigue hoy y nos acerca a su mundo. Son todos los monumentos, los edificios, la música, la caligrafía, la historia, las escrituras y las biografías de aquellos emperadores los que aún sobreviven. Tanto si se observa la lengua indostánica, el Baburnama y el Akbarnama, los gloriosos jardines de la India, el Fuerte Rojo, el Taj Mahal o todos los demás patrimonios culturales que los mogoles dejaron tras de sí, una cosa queda clara. Todos ellos son testigos del poder y la grandeza de uno de los imperios más ricos de la historia.

Vea más libros escritos por Captivating History

Referencias

Avasthy, R. S. (1967). *The Mughal Emperor Humayun*. Allahabad: History Dept., University of Allahabad.

Losty, J. P., & Roy, M. (2012). Mughal India: Art, Culture and Empire: Manuscripts and Paintings in the British Library. London: The British Library.

Ojha, P. N. (1979). *Glimpses of Social life in Mughal India*. New Delhi: Classical Publications.

Richards, J. (1996). *The Mughal Empire*. Cambridge: Cambridge University Press.

Sarkar, J. (1932). *Fall of the Mughal Empire*. Calcutta: M.C. Sarkar.

Sezgin, F., 'Amāwī Māzin, Ehrig-Eggert, C., & Neubauer, E. (1997). *Mughal India according to European travel accounts: texts and studies*. Frankfurt am Main: Institute for the History of Arabic-Islamic Science.

Shashi, S. S. (1999). *Babar: The First Mughal Emperor of India*. New Delhi: Anmol Publications.

www.ingramcontent.com/pod-product-compliance
Lightning Source LLC
LaVergne TN
LVHW041643060526
838200LV00040B/1685